Pequeños Poemas
Para Niños

JOSH DOUGLAS

Edición JOSH DOUGLAS

Gusto por Pequeño Poema
Para Niños.

Los hijos son una herencia des SEÑOR.
Salomón.

Preparación

Vea allí algunos pequeños poemas preparados en beneficio de los niños. El creador sabe muy bien, que él, si es poeta, por allá por muy poca fama puede alcanzar, pero que solía ser también su propósito no. Se refirió a malas verdades útiles sólo una Como esta en rima recitar que no estaban más allá de la sensibilidad infantil; y él tiene ella como este pequeño hecho, en el que ella des en más fácil, a través de una sola lectura, podría en la memoria impresa volverse, sin que fuera necesario que ellos fueran aprendidos por fuera; algo donde el fabricante está muy a cambio, y que además, solo a través de lectura repetida,
ocurrir puede.

No se ha dado ninguna razón hasta que se haya formulado esta pieza - que el fabricante tiene hijos propios, que ahora son su único y mayor placer - que uno puede tal piezas en nuestra lengua faltan - que él también agrada para otros útil es - y que el alto alemán Lieder für child de WEISSE y el pequeño Lieder für little mädchen und junglinge de G . w BURMAN ,de mucho placer, lee tiene; también para que ella lo haya ayudado muchas veces en Pine Tree, hermoso él allí en realidad ninguno tradujo o se hizo cargo.

Todos ellos no son aptos para niños de cuatro o cinco años, pero esto también era correcto no es necesario. Los hombres pueden elegir, cuáles el hombre En sus hijos quiere dejar leer, también puede el hombre notar de repente, o Un niño entiende lo que está leyendo que no. El autor los ha probado todos, y puede asegurar que sus hijitos mayores -un niño de cinco años- muchos de ellos, en la primera o segunda lectura, los ha entendido; y por eso se mantiene seguro de que todos estos bocados para niños, arriba de los cinco y abajo los diez años, son aprovechables. También se permite que no haga daño si aquí y allá la mente infantil tiene un poco de dificultad para encontrarse, y allá A través hasta que preguntar y hablar se está emocionando.

Si tuviera el placer de que estas palabras fueran aprobadas y usadas con fruto, de vez en cuando, con gusto, agregaría una hoja a la que actualmente En mis compatriotas ofrezco. El número, que actualmente otorgo, es lo suficientemente grande como para tomar el juicio.

A dos queridos pequeños

... Primero por recompensa Un beso o dos.

A dos queridos pequeños

¡Miren allí, dulces cuñas! ¡Un manojo de
pedacitos, entretenido allí usted a lo largo!
Y salta a tu morada, Pero... primero ter

recompensa Un beso o dos.

Impulsado por el amor, ¿he
cantado ella, y te quiero
allí más, puedes preguntar allí?
Cuando ella, por favor,
llega el buen tiempo.

Suerte infantil.

Tengo juguetes, tendedero, leche y pan,
Una cuna para dormir.

Es suerte infantil

Soy un niño por Dios amado,
Y hasta que la suerte creó.

Son el amor es grande;
tengo juguetes, tendedero, leche y pan, A
cuna para dormir.

Vivo siéntete libre;
Yo cuero de lujuria;
No sé de ninguna preocupación todavía. Por eso juega
cansado,
Cierro los ojos por la noche y duermo hasta el pino
mañana.

¡Alabado sea Dios por el goce espacioso de tantos
favores! Mi corazón y mi boca lo harán cada mañana
y cada tarde.
Precios.

El durazno.

A ese durazno que me dio mi padre, a eso yo

cuero industrioso.

El durazno

Ese melocotón que me dio mi padre, A ese yo
industrioso el cuero.

Ahora como satisfecho y feliz. ese durazno
sabe Desagradable más.

La alegría es de la juventud que

Espectáculos educativos en zig.

La laboriosidad, esa virtud infantil, está siendo
siempre bien recompensada.

El amor de infancia.

Y voy saltando a su lado', también que

él me entretiene y aprende;

el amor de la infancia

Mi padre es mi mejor amigo.

Él me llama todavía eres un niño querido. k
Guárdalo, sin angustiarte por el miedo.

Y voy saltando a su lado', También que él me
entretiene y aprende; ¡No puede ser
mejor padre!

Yo también soy a veces travieso, Pero si mi vicio se
arrepiente, Entonces
el corazón de su padre se conmueve, Entonces su amor
no habla reproches, Sí, incluso, cuando me castiga,
Que ver lágrimas en
sus ojos.

Debo por la desobediencia, Que hacer, que mi padre
llora;
¿Le haría suspirar y quejarse? No, si mi juventud hace
mal, que pronto la caeré a los pies, y pediré perdón
a Dios.

Alexis.

Pero si ella en, que le plazca, Para ella, a

juega con, pregunta, que se está convirtiendo en
esa raza amorosa reducida;

alexis

Alexis ama a sus hermanas, cuando ella vive en
paz; Él
la llama tú mismo eres cariño, si ella le da
sus juguetes. Pero si ella en, que le agrada, Para
ella, para jugar, pide, Que se está convirtiendo
Esa raza amorosa reducida; Y si ella le impide
hacer su voluntad, que la odie casi por completo.

También es ella a través de ella en un
montón de, Cuando ella por encima de ella A través de
alguien se está elogiando.

* * *

Un amor, Que como esta raza
enfría, Que perversamente apunta a su propio
provecho, ¿Sería ese bien recto ser amoroso?

La verdadera riqueza.

¿Qué es la riqueza de todos modos? ¿Qué es el honor?
Dios amigo por ser es mucho más;

la verdadera riqueza

Que el dinero no deleite nuestras mentes jóvenes, sino la
santidad y la virtud.

La sabiduría es el bien más necesario; Es joyería por la
juventud.

¿Qué es la riqueza de todos modos? ¿Qué es el honor?
Un puñado de barro vacío.

Ser amigo de Dios es mucho más; que Jesús ame, es rico.

Venid, caemos a los pies de nuestro Dios, a la virtud ya la
santidad:

así es como nuestra mente joven se vuelve en la tierra
preparada para el cielo.

Entonces obtendremos ese querido cariño, que nunca
otra vez perece.

Entonces caminamos por el camino de la virtud, Y
sobresaltarnos por Ella enojado.

Es alegre aprender.

Mi aro, mi pinchazo cambio yo por libros;

es alegre aprender

Mi juego es aprender, mi aprendizaje es
jugar, ¿Y por qué iba a aprender aburrido?

Leer y escribir me divierte. cambio mi
aro, mi trompo punzante por libros; Quiero
en mis huellas mi pasatiempo buscar, Es
sabiduría, son
virtudes, Desagradables cuales engancho.

Lástima.

Quién que alguna vez veo llevar dolor, k
También tengo sentimiento por allí.

Es una pena

Quienes que alguna vez vi llevando penas, también
tienen sentimientos por allí.
No cierro mi oído a su lamento, pero ayúdalo si puedo.

Levantar a un hombre en pena, es incluso para niños
dulce.
Quien puede burlarse con los que lloran, Muestra
una mala mente.

¿Me regocijaría de otra manera? k
riendo en son inteligentes?
Oh no, una lástima noble Se adapta a mis hijos
corazón.

entonces me lamentaré con los afligidos,
Ellos para consolar en su dolor.
Para ayudar a llevar la carga de otro, Será mi placer
ser.

La laboriosidad.

Las clases mías quieren que aprenda,

la laboriosidad

dormir mucho por la mañana, al bostezar y al
bostezar,
   se sentó feo para un niño. Quien siempre
tiene que entender mucho, Y el lenguaje loco
quiere
aplaudir, Ve rara vez zig amado.

¿Pasaría mi tiempo en mil bagatelas?

   No me aprovecho de eso. Mis clases quieren
aprender, mis maestros
honraré, antes de convertirme
en un hombre.

El espejo.

Quiero k saber, Quien soy,
Entonces la palabra de Dios debe ser el
espejo, Donde mi corazón sepa.

El espejo

Que siempre se mira al espejo, Y zigzaguea de
    la belleza halaga;
No se dan cuenta de la verdadera belleza, pero persiguen
    la vanidad desagradable.

Este vaso nos enorgullece, o nos da dolor;
    Quiero k saber, quien soy,
Entonces la palabra de Dios debe ser el espejo, Donde
    Lo sé de todo corazón.

se queja por los
pequeños de Pino William.

¡Ay! mi hermana ha muerto

se queja por los pequeños de Pine
Tree William sobre los muertos por
son hermanas

¡Ay! mis hermanas han
   muerto, solo catorce meses. k La vi muerta en
su caja mentira:
   oh bien lo que solía ser mi hermanita fría! k
Llamó en voz alta su complemento: ¡mío, querida
Sissy!
   ¡Marica! ¡Marica! pero para no. ¡Ah! sus ojos
están
   cerrados; Debo llorar de pena. Siempre quiero yoa
ella llorar,
   esparciendo flores sobre su tumba: llorando
En los besos piensa, Eso me lo
dio querida niña.
Mañana lo haré, pero para mí también es peligroso
   morir en grande.
Ayer ella jugó conmigo; ayer todavía! y ahora - ya
   muerto!

Es regalo.

k Tienes tog Como este dulce si el

regalo

¡Madre querida! ver una rosa allí por su Coosjen,
   mientras que hoy cumple años.
Canté esta mañana Y salté: Así
   deseé Desagradable servir el tiempo.

Pero no puedo cavar rimas, Debo callar
   Para mi hermano en la poesía.
¡Entonces tómalo, madre! malas estas rosas Por tu
   Coosjen,
   k Tienes tog Como este dulce si él.

La pequeña Claar.

¡Bienvenida querida hermanita!
¡Bienvenidos a esto de vivir!

Saludo de bienvenida de Little
Claar para su hermanita pequeña

¡Bienvenida querida hermanita!
   ¡Bienvenidos a esto de vivir!
¡panadero! ¿No puedo besar a mi hermanita?
   dar.

   ¿Quieres dormir? ¡Oh ella tiza!
     Seguramente la aburrirá. Mañana, si estáis
despiertos,
   ¿jugaré de vosotros?

Descansa tranquilo, entonces crecerás; Aprende tog
   pronto caminar!
Cuando te sientas en el regazo de mamá, ¿ella jugará
   comprar.

¡Oh! Mamatjen es así de bueno!
   Todo lo que ella quiere dar,
Si tan solo sus hijos dulces y en paz para
   vivir.

La ociosidad.

Orar, aprender, escribir, leer, jugar, trabajar
tiene tiempo.

la ociosidad

Nunca debo estar vacío; Todo lo hago con lujuria y
  diligencia.
Orar, aprender, escribir, leer, jugar, trabajar tiene tiempo.

Madre querida tampoco puede soportarlo mucho, Que
  el tiempo descuidado se está volviendo.
Ser perezoso, dice ella, es robar tiempo, y nosotros
  ¡Vivir es así de corto!

Es perritos.

_ ¿Puede una bestia como esta satisfacer lo que
espera hombre no por mi!

es perritos

Que agradecido esta mi perrito por los huesitos
   y que pan!
Mueve la cola, camina, Y salta sobre el tiro de
   las minas.

Me dan carne, pan y vino, y muchas veces
   manjares:
Pero puede una bestia ser tan agradecida, ¡Qué espera
   hombre no por mí!

Rompió el vidrio.

ven Keesje dulce! amor sobre tiza,

Los cristales rotos Una narración

Cornelis había roto un vaso en la calle.

Aunque se había privado de las piezas, no conocía ningún
consejo.

Tenía miedo de mentir, mientras Dios ve: Y si
engañaría a mamá ahora, Eso no podría.

Se quedó consternado y conmovido, la madre
llega:

Ella ve las lágrimas en sus ojos, él brillaba
estupefacto.

¿Tiene Keesje, dijo, qué hábil?
¿Qué guarda allí En?

'Me encanta', dijo, ¡madre! en un momento Clima
enojado hecho.

Mientras trabajaba en palettesBee, solía ser la ventana.

Voló mi volan , a través de los fuertes cohetes, Allá en It glass.

Pero si tu Keesje lo de su vidaNo lo vuelvas a hacer,
Entonces quieres perdonarlo,¡Tú eres Así de Bueno!

¡Vamos, querido! deja de marcar, dijo la madre cuando: no
quiero culparte por ese error, recibió un beso.

Quien siempre quiere decir la verdad, Está
    siendo bien recompensado.
Quien busca mentiras para sus defectos, Nunca
    cambia.

La religiosidad.

¡Qué bien me paran estas coronas!

la religiosidad

Si en la querida primavera
las flores adornan el campo, entonces recojo capullos
de rosa, violetas, vírgenes amada, hierba de limón y
lilas.
Entonces tejeré coronas,Y usaré Ese ter honor Por
Dios, Que
me lo vivirá Y donaré
flores.Entonces cantaré: ¡Rey del Cielo!

Haces crecer violetas, Con rosas, doncellas, limoneros
y lilas, Con mil mil flores; A tu poder y
amor A los niños en el show.

¡Qué bonitas me quedan estas coronas!
¡Ah, no me dejéis olvidar Que
tenéis que hacer para crecer!

La liebre.

¡Mira Pietje! mira, una liebre,

La liebre

¡Mira Pietje! ¡mirar! ¡Una liebre, oh que así
pronto podría caminar!

No, dijo el inteligente Pete, ¿Quieres que los
conejitos sean, yo

no: k Quiere ir bastante despacio, que comprar
Pino muerto.

* * *

El que siempre debe ser alabado De habilidades
que el tiene

Vive contento y agradecido, pueden ser
regalos bien gastados.

Pero que el que siempre se arrodilla Y lo que
andren quiere ser, Hasta lo

que tiene pierde, He mas que alguna vez
leido.

Narrado por Dorisje.

Bebimos chocolate, e hicimos cien para pedir.

Una narración de Dorisje

Recientemente estuvimos con Saartje , nuestro viejo
buen panadero, que puede contar cuentos de hadas.
Bebimos chocolate,
e hicimos cien para pedir.

Al final, nuestro Saartje dijo : ¡Bien, mis amores! Tú
conoces las cuatro mareas, ¿Qué te depara mejor?

Entonces mi hermana Mietje dijo,   , ese tiempo es
querida mía, Cuando los árboles Florezcan.
Entonces obtienes hermosas flores, en racimos y
aplanados.
Entonces uno ve mil pájaros sobre ramas verdes
para cantar.
¿Eso no es en primavera?

¡Invierno, querido Saartje ! Dijo Pietjen , es el mejor,
luego escuchamos, y bebe chocolate, o come gofres
gruesos.

No, prefiero el verano, dijo Keesje justo.   , Entonces es

Pero dije, es mejor si la
mayoría de las frutas están maduras.

Entonces es bueno romper. Entonces tienes albaricoques, y ciruelas, y guindas, y melocotones y peras:

¿Y eso no es otoño?

Escuchen, niños, dijo Saartje , el invierno debe hacer que los campos y los jardines sean fértiles.

Hay que podar los árboles; hay que engordar el campo; Eso hace al hombre en el invierno de los pinos.

Los árboles deben florecer, Para darnos frutos;Que haciendo ella en la primavera.

Los frutos deben crecer; Lo hacen en verano. Uno debe cosechar los frutos;Que hacer hombre enotoño.

¡Así debéis vosotros, queridos hijos! En todas las estaciones Alabad la sabia bondad de Dios, Y el estar bien en paz.

Jesús.
Una parte vocal.

¡Jesús es un amigo de los niños!

Jesús

Una pieza de canción Little Claar y johnny

juntos.

¡Jesús es el amigo de un niño! Los nuestros quieren zig tener piedad. Tomó a los niños en sus brazos: ¡Jesús es un amigo de los niños!

SOLO CLAART.

¡Oh, si Jesús aún estuviera en la tierra! Pronto volé lo Desagradable.

JANTJE solamente.

¡Ah solía ser Jesús todavía en la tierra! k Voló de ti a Jesús Desagradable. juntos.

¡Hijo de Dios! ¡Quién vive para siempre! Escúchanos suplicar, ¡Y perdona Nuestras audacias y defectos! ¡Hijo de Dios!

que vive para siempre! ¡Bendice a nuestra juventud, y concédenos que a menudo hablemos por ti!

La parte superior flotante.

Nunca corra mi peonza flotante sin tener éxito;

La parte superior flotante

Mi peonza flotante nunca corre sin golpes;
Porque amo yo, que corre él no. Ya tengo en
eso para vencer la tristeza, y
tendré que pedir otros juguetes.

¿Pero no es lo mismo con Flipje? Sí;
Nunca tuve que temer golpes, k rara vez
leería en mis libros,
y eso da padre también tristeza.

Lástima que tengo que aprender de un trompo,
Para trabajar diligentemente sin coerción. k
quiero, hasta mi castigo, mio de por vida

No hay otros juguetes para ir deseo.

El ciruelo.

Johnny tiene un sombrero lleno de ciruelas,

El ciruelo Una narración Jantje una vez
vio ciruelas colgando, ¡Oh! si los huevos son
así de grandes.

Parecía que Jantje quería ir a recoger, hermoso
padre lo prohibió.

Aquí está, dijo, ni mi padre, ni el jardinero, que
lo ve: En un árbol, Como este lleno, no faltan
cinco seis

ciruelas. Pero quiero ser obediente, y no
escoger: camino a. ¿Sería
yo, por un puñado de ciruelas pasas, un ser
desobediente? No.

Adelante fue Jantje: pero su padre, que escuchó
en silencio, lo encontró
mientras caminaba frente al camino del medio.
¡Ven, mi pequeño Johnny, dijo el padre, ven,
mi pequeño amor!

Ahora te recogeré ciruelas; ahora tiene padre
Johnny dulce.

Entonces papá empezó a temblar, Johnny se dio
cuenta de
repente; Johnny llenó su sombrero de ciruelas y caminóa
un galope.

El mendigo.

Quien lo mira con admiración, No lo desagrada por orden de Jesús.

El mendigo

Ese hombre decrépito, que se sienta casi
desnudo, Y temblando de frío, pidiéndome un
centavo, Es por un poco Bueno si yo. Dios
sabiduría
Me dio solo qué más dinero que eso. Ben I
que mejor?... No.

Un hombre piadoso y honesto a menudo usa
ropa sucia, quiero que también la virtud en el
honor de los pobres.
Quien lo mira con admiración, No lo desagrada
por orden de Jesús.

La verdadera amistad.

Que pocas veces alaba, habla lenguaje amigo.

la verdadera amistad

Un amigo, que me muestra mis faltas,
Severamente castigado, y nunca perdonado,
Tiene en mi corazón un gran poder: Pero el
bajo corazón que siempre halaga, Sospecho
que por
egoísmo, puedo ser presencia no tolerar.
Quien rara vez alaba, habla un lenguaje
amistoso. Eso siempre halaga, miente
muchas veces.

Su semilla servirá.

David

Preparando

Soy demasiado sensible a la acogida
favorable que mis pequeños poemas han
tenido entre mis compatriotas, que mi
alegría y gratitud, por ello, no expresaría
abiertamente. Las declaraciones orales y
escritas del placer causado por estas mis
humildes labores, para tenerme a menudo
fuertemente afectado; Sí, a menudo llamo
a la abeja en tales ocasiones: lágrimas
brotan de mis ojos ,

queridos hijos, si me piden más poesía.

¡Ay! mi corazón, tan conmovido, bendiga a Dios, que
vive para siempre , que él me da esa alegría!

Por lo tanto, no es lentitud, ni letargo, que
el avance de este trabajo se haya
desplazado durante tanto tiempo.
¿Entonces que? - ¡Pura incapacidad, mis
queridos compatriotas! Como poeta
especialmente, no puedo trabajar cuando
quiero; y en cuanto tengo que obligarme,
todo sale mal. Esperé entonces, hasta que
volví a golpear en Esa condición, en la que
mis primeros fabricados tienen; y es el
fruto de aquellas horas, que ahora ofrezco
de nuevo a nuestros hijos; en montón que lo mismo por u

permitido complacer si los primeros.

Durante mucho tiempo tuve mis pensamientos para irme, e incluso solo uno de los recursos empleados, para agregar algunas imágenes de arte con estas   , infantiles, cuando el Sr.   , canciones ALLART, uno y librero de distancia en Amsterdam , señaló, allí adentro hasta mi placer de pasar. . Los cuadros pasarán bajo mi supervisión Pintor J. _ BUYS firmado, y por el Heeren PUNT y VAN DER MORE ser grabado; por cuya habilidad se puede ver en las bellas imágenes de las fábulas de Gellert; que representa uno, Así bien si Esas fábulas, Sobre nuestra juventud holandesa no se puede recomendar

Estas imágenes se establecerán lo más bajo posible, y las rimas, sin embargo, están disponibles por separado. Ellos, sin embargo, que zigzaguean a partir de las primeras y mejores copias proporcionadas, quieren, complacen, ser sus libreros,

o abeja JOSH DOUGLAS   , en Ámsterdam   , o abeja el WED . j V. JOSH DOUGLAS aquí los   , suyos especifican nombres; hará las primeras impresiones para que tan pronto como sea posible, sean Entregadas.

¡Adiós compatriotas míos! y ten por seguro, que siempre me Un sensitivo será un placer poder hacer

infligir algo para uso o diversión de usted o de sus
hijos.

*   *
  *

Debo agregar aquí que hay razones que me obligan,
para ninguna copia por egt en reconocimiento, que a
través de las impresoras este firmado por sí solo

son.

el miércoles J de JOSH DOUGLAS

Lottie y Keesje.

¿De qué te sirve que te sientas solo en un rincón, y te quejes?

Lottie y Keesje

KEESJE
¡ Dime dulce querida Lottie !
   ¿Cuál es la causa de que llores: Hebtge tu bolsa
de soporte perdida o rota,
querida niña?

LOTE
¡No lloraría, querido Keesje ! dulce madre solía no
   cumplir con mi costura,
¡oh! ella me vio de tristeza y tristeza On.

Sí, ella me enloquece para no besar, Así si ella
   siempre lo hace de otra manera.
¡Ay de mí! ¡ah! que tal madre a la mia
   la travesura debe llorar.

keesje
¿De qué te sirve que estés solo en An?
   rincón sentarse, y se queja.
   id, ella os lo perdonará, si os pide
   cambiar.

LOTE
Entonces intercederás por mí, guía mío:

keesje
Si seguro:

¿No hablaría por Lottie ? Esa es mía, queridas
    hermanas.
Pero no necesitas intercesión, si tu madre cae
    al pie,
¿Seguro que te perdonará, madre, sé
    tú, es como este bien.
    Yeastren leyó para nosotros
        dos, que también Dios perdona la culpa:k
    Sabed, ella os aclarará el
    cambio, allí ella Tal ejemplo tiene.

La salud.

Quien nunca tiene suficiente para su boca, Vive rara vez alegre y saludable.

La salud

La salud es un gran tesoro para complacer a
vivir.

Aunque tenía una gran riqueza, ¿Qué beneficio daría?
Así que, me roí con
miedo y dolor, hasta que una carga tuvo que ser.

Pero, ¿seguiría el consejo de mi Padre? ¿No
involucraría diligentemente?
Y la gula y el exceso No evitar y
¿olvidó?
Quien nunca tiene suficiente para su boca, Vive
rara vez alegre y saludable.

Niño pequeño y Keetje.

Aprende ahora primero, que jugar Nosotros.

Niño pequeño y Keetje

CLARO

Siempre trabajando, siempre leyendo, Que bien
debe ser triste:
　¿Para eso se vive? Keetje divertido! jugando
ahora; ¡Ah! el tiempo debéis aburriros serviros a
vuestros amos da.

KEET

Nunca para trabajar, nunca para leer, Siempre
en jardín de pinos por ser,
　¿Para eso se vive? Niña querida, deja de jugar;
¡Ah! el tiempo debe usted aburrido, Servir ye En
sus muñecas da.

CLARO

A veces jugando, a veces leyendo, Eso bien Lo
mejor es ser, Keetje ¡dulce! ven
a jugar conmigo.

KEET

Seguro que te aburre. En para sostenerlo para
jugar:
Aprende ahora primero, que jugar Nosotros.

* * *

Ter más de cerca la necesidad tenía Keetje este

dijo,
O Niñito tenía, avergonzado, sus muñecas reservadas.

Lo encontró canciones.

¿Qué canciones dulces y agradables!

Lo encontró canciones

Acabo de encontrar este pedazo de papel que he leído.

Arriba está escrito: ¡Cómo! ...

EL HOMBRE COMPLACIDO

Venid, hijos, sentaos conmigo.k ¿Haréis canciones para
    dar?
El contentamiento es mucho más que
    estimación en este para vivir.

Aunque tengo poco, tengo suficiente; PodríaUn
    hombre envidia Pino,
Que siempre vestía ropa bonita, pero pesada
    el dolor tenía que sufrir.

Trabajar siempre me mantiene saludable y rápido
    por cuerpo y miembros.
Me despierto por la mañana Refrescado y bien en paz.

El hambre que dije señorita, me hace mucho más ansiosa
    de comer, que si
en la mesa de un rey, estuviera día tras día sentado.

A menudo tengo agua de una fuente de más sabor
    ebrio,

De lo que el vino podría darme, se vertieron copas de
abeja.

Y el día ha pasado, Veo que el pino se levanta al
anochecer,
Entonces pondré una canción A los míos Dios a Precios.

Ahora queridos hijos, vivan como yo, ¡Alégrense de la
bendición de Dios!
Di gracias cada momento, ¿Qué tengo mucho de
¡consiguió!

* * *

¡Qué dulces y dulces canciones! como agrada
y me pega.
¡Que aprenda a vivir así, hombre satisfecho! si
S.M.

La buena ambición.

No puedo
olvidarlo, pero no resistirá que suceda.

La buena ambición Uno se queja por

Daantje ¡Ay de mí! Estoy
triste, perdí el premio Servir padre
dulce prometido tenía,
Al que mejor aprendió. Ese libro con
hermosos dibujos, De cintas de seda
verde, Lo que yo anhelaba Ahora
lo tiene Johnny; Porque podía escribir
mejor, y antes solía leer.
Sí en las cartas pudo Las tierras y los ríos, Los

mares y los pueblos, Lo más
rápido por todos encontrar.

Pero, ¿lo envidiaría, y ahora aún menos
aprenden?
No, alabaré sus dones, y con más amor.

Pero también me demoraré en ganar el
premio
honorífico del pino, que el Padre ha prometido
de nuevo. Por jugar demasiado Por dormir
demasiado Por
mirar a mi alrededor Cuando
tuve que prestar atención He perdido el
precio del pino.

¡Ese libro con bellas imágenes, Con cintas
de seda verde Tiene Johnny que tiene!
No puedo olvidarlo,
pero no resistirá que suceda.

el vigilante

¿Me asustaría el badajo del pino,

el vigilante

¿Debo temer al badajo, oh! Que querido valiente
hombre

Me hace descansar tranquilo y también seguro para dormir
poder.

¡Madre querida! Creo firmemente Que él en los trajes
de los ladrones.

Limpio camina a través del viento y la lluvia, Cantar se está
volviendo él nunca se cansaba: ¡Dios mío!
dale tu bendición, pero mis ojos se están cerrando. ¡Querido
badajo! Me encanta la espera me voy a dormir: buenas

noches!

Klaasje y Pietje.

Déjalo venir, si puede.

Klaasje y Pietje

CLASE

Pietje, si no quieres ser bueno, entonces
aparece el hombre negro.

PETE

¡Klaasje, eso es mentira! Que venga si puede.
Quien cree en tal hombre, es por su mente
robada.

Canción de invierno.

¡Ay! ¿cuántas mil personas para tener como esta una gran cantidad de acciones no.

Canción de invierno

Veo caer las hojas amarillas, el verano de los pinos está
hecho:

Y el aullido de la nieve y la lluvia nos anuncia Pino
invierno On.

   ¡Ay! cómo me vibran los miembros, k

   Caminar Desagradable recovecos por Pinar chimenea;

   Padre di:

en tal frío sirve allí

   la madera ni la turba se salvan.

o Tenemos mucho stock para pinos escasos en invierno;

Ahí me pusieron ropa de abrigo para Pino

las hebras de los árboles se liberan de las heladas.

Invierno peras, repollo y manzanas mantequilla, carne,

   Sí lo que no ya, Ya en nuestro

sótano, que nosotros Sabrosos sabores lo haremos.

   ¿Puedo estar agradecido ahora, sobre los míos felices?

   lote;

Sí, quiero vivir obedientemente y gracias, ¡buen Dios!

Sí quiero pensar todo el tiempo si el frío me da tristeza,

   ¡Ah! ¿cuántas

mil personas para tener como esta una gran cantidad de
acciones no.

Sí, quiero ahorrar algo de dinero y lo que por la
abundancia mía

A Un pobre bebé para dar,
que por hambre debe llorar.

Dios bondad.

Dios es bueno, ahí es donde cae la lluvia.
Deshidrató el país:

Dios bondad

Dios es bueno, allí es donde cae la lluvia
Sobre la tierra reseca: Padre baño a tal
bendición,
Sin lluvia, Dice
él, no crece ni hierba ni planta.

¡Queridas gotas, caid a la tierra! Caen en gran
abundancia, el
oro no tiene tanto valor para nuestro suelo.
Dios nos interroga: ¡Dios es Bueno!

Dios sabiduría.

Dios es sabio, que la lluvia suave Retiene ahora:

Dios sabiduria

Dios es sabio, que la lluvia suave Aguanta ahora:
  La hierba
árida Tiene tanto vogt otra vez, Si para que
  creciera necesario solía ser.

  Cayó allí ya con fuertes lluvias,
    Nunca vio la luz del sol, De lo que sería más
  largo no hasta la bendición,
  Sino hasta el daño para nosotros.

Dios es sabio, esa lluvia suave retiene el clima: el
  suelo árido tiene
tanto vogt ahora, si Dios encuentra la sabiduría
  necesaria.

La represalia generosa.

k ¿Será ella por los míos golosinas para dar,

La represalia generosa

¿Atormentaría a mi hermana? A que ella me
no ama?

¿Hablaría mal de ella? No creo: es An
¡niño!

Le daré algunas de mis golosinas que uvas, que una
pera, luego una avellana
seis siete, y cuando ella quiera, aún más.

Ganaré su corazón con amor, Ella no es un niño
maligno; Así seré
su amor por mucho tiempo, hasta que ella en él me
ame también.

Es niño enfermo.

¡Cabezas mías! ¡ah! Me gusta esto muy!

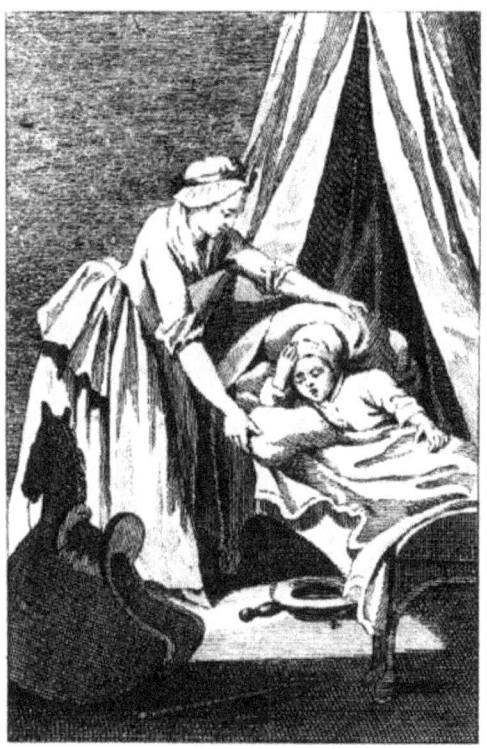

niño enfermo

¡Mis cabezas! ¡ah! ¡duele mucho! Aparece por An hendido;
Ya no me divierte
ningún caballo balancín; Y el hombre hermoso pregunta,lo
que deseo me disgusta por lo más sabroso
que come.

Aunque ningún niño yace tan bajo como yo, la paz me ha
sido tomada.
Y me duermo en algún momento Un momento, Que me
despierto de Un susto Por medio de ese
sueño desagradable.

Ahora me vuelvo primero, por lo que me falta, Hasta la
gratitud impulsada:
Ahora siento, pero con tristeza, Cuánto se debe a Dios,
Si el hombre sano deja vivir.

Pero ¡ay! que Dios siempre es bueno; quiero ahora
satisfacer al ser, y aunque
deba sufrir dolores, paciente diga: ¡Dios es bueno!

Él me puede curar el clima.

Es buen ejemplo.

¡Venid, queridos míos, vivamos hasta la utilidad y la alegría unos de otros!

es un buen ejemplo

Padre vive con nuestra madresiempre complacido y
complacido,
Oh, cómo se aman, nunca gruñe ella
si nosotros.

Muestra algo que desear, que decir
el otro: ¡eso es bueno!
La madre es la mejor si hace algo por el padre.

El padre siempre intenta saber cuál es
el deseo de la madre; Y no la puede aburrir, dasobre
el padre
tristeza.

El padre le dio el último melocotón
Best a la madre con un beso; No te quieras allípor
comer: muchachito,
¿estaríamos haciendo esto?

Queridísima hermana, queridísimos hermanos Oh
Nos estira hasta el reproche, Que a menudo Nos
guste esta riña; Oh,
bueno, no sabes cómo me siento.

¡Venid, queridos míos, vivamos hasta la utilidad y la
alegría unos de otros!

Tratemos de seguir el amor del padre y
la virtud de las madres.

Sólo allí puede morar el amor, sólo allí es para
vivir dulce, Donde
uno, feliz y sin restricciones, el uno para el otro
todo lo hace.

Pietje y Keetje.

PIETO.

Bueno: tengo cuatro bonitas
huellas, KETTLE.

Yo dos cintas,

Bien por ella, directamente supongo.

Pietje y Keetje

PETE

Ven mi querida y dulce hermana, dame un beso, O
  ¡Soy así en mi arreglo!
    He oído de mamá, que Camie por ella vendrá la
escuela, nadie está así
contento si yo.

KEET

Entonces pensemos en algo, para donar
  En Esa queridísima niña.
  Si solo le decimos algo. Y no hay hechos que la
acompañen ¿No es
pura alegría?

PETE

Bueno: tengo cuatro lindas huellas,

KEET I

dos cintas, Bien
por ella, directamente, supongo.

PETE

La complacerá, por pequeña que sea, Desde
entonces no necesita preguntar, O es para nosotros,
pero es hablar.

Es paciencia.

Esto vio lo último en nuestro gato,

paciencia

La paciencia es una gran virtud en Una tarea difícil

Son los ojos blancos para llevarse a cabo; Vi estoen
nuestro gato el otro día, Que durante horas se
sumergió harto, A una
rata al acecho.
Ella no fue hasta que ella la rata,Capturada, en sus
garras tenía.

Una juventud religiosa.

A quien Dios ama Que se está convirtiendo en hijo;

Una juventud religiosa hace envejecer a un afortunado

El que en su juventud ha destrozado el camino
de la virtud, y hace el bien, espera bien, anima a su
  viejo al amanecer.

Pero esos son el tiempo Inútil se desgasta,
  Sus poderes frescos del pecado da, Debe, decrépito,
  Tristeza esperar.

  ¡Vete, oh joven!
  Es camino der virtud,
Tú pediste por favor, Entonces serás feliz Por
  remordimiento libre
  Vuestro viejo al amanecer.

  Aunque eres una burlaPor su, Que
  Dios
demasiado travieso abandonado, tienes mucho más
  que el dinero o el honor
  por él a la espera.

  A quien Dios ama Que se está convirtiendo en hijo;

Y debe morir, Ella pidió o esperó, Él deberá
  gracia
  abeja Dios adquirir.

El carbonero.

Ahora dime yo mismo: no hay pájaros más.

el carbonero

Mi chasquido solo había estado colgado en el árbol
   durante una hora, o este carbonero se hartó allí.
Entonces me dije a mí mismo: ¡Cómo voy a atrapar
   pájaros! Eso se llama primero a la derecha ¡Un
   buen comienzo!

Pero ¡ah! Son bien las siete para la
   madrugada, no vi ni un pinzón ni un carbonero en
   todo ese tiempo, ahora estoy todo abatido,
   ahora dime yo mismo: ya no hay pájaros.

    *   *
     *

Que ya en grandes cosas espere,
Para que en ella se empiecen a intentar triunfar, Es
tan necio
   como se desespera, A que él por Un tiempo de
adversidad debe agacharse.

Pietje bee Es lecho de enfermo
por son hermanas.

¡Buen Jesús! escucha mi lamento, 'Y la
recuperación de mi hermanita tiempo.

Pietje bee Es lecho de enfermo por son hermanas

Oh ese gemido, oh ese lamento, ¿Puede mi tierno corazón no desgastarse,
   Sissy querida, siento tu dolor! k Quisiera por ti sufrir,
¿Podría liberarte del dolor, o sino hasta el alivio?

Pero está más allá de mis medios; Pero me inclino, de ojos
   llorosos, Rezando mis rodillas hacia abajo. ¡No dejes que mi oración te desagrada, buen Jesús! escucha mi lamento, y la recuperación de mi hermanita del tiempo.

No la dejes vivir, Ah, madre mía, moriría, Padre

ciertamente fue a la tumba. ¡Querido Dios! ¿dónde estaba Pete? Nombrad a mi hermanita Sissy También a
mis padres junto a mí.

Interrogaba la oración.

¿De qué servirá mi corazón agradecido a los buenos Dios como represalia?

Interrogó la oración

Mis hermanas están sanas. ¡Dios escuchó mi oración! Y tiene hasta nuestra alegría mi hermanita dulce rescatada.

¿Qué dará mi corazón agradecido al buen Dios? ¿Te gusta este gran Dios que quiere Que las gracias sean de Un niño?
¡Sí! El padre dice que Dios está complacido con eso, Dies seré su alabanza, ya soy joven, para informar.

Es un niño tierno.

¡Dios bueno! oh déjala vivir Hasta mi beneficio hasta mi alegría,

es un niño tierno

¿No honraría a mi madre, Ah, qué no por mí?

¿Cuál es mi uso? Puedo aprender; Ben I alegre, ella
  está complacida.

¿Estoy enferma?, la oigo quejarse; Y cuando
  ella me sienta
Con un ojo levantado en alto, que creo, que
  ella ora.

Sí que ruega ella, que yo pronto Permitido
  liberados son por mi inteligente:
Si mejoro, con qué alegría y cómo
  gratificante es su corazón.

Siempre la querré, Siempre haciendo, que la
  agrade.
No quiero empezar nunca nada Por ahí se
  queja mi madre.

Llamaré su nombre con reverencia, si ella
  desciende en su tumba.
Y alabado sea la bondad de Dios para
  siempre,que me dio tal madre.

  ¡Dios bueno! oh bien déjala vivir
    Para mi ventaja, para mi deleite, ¡Qué

tristeza me daría,la extrañar en mi
juventud.

El descuido.

Una en punto por descuido Puede hacer que
ese hombre llore semanas.

el descuido

¡Mira a Keesje! este mosquito muerto Volaba tan feliz y velozmente, Pero es por indiferencia, Que ahora está muerto sobre la pizarra de la mesa.

Tenía tal sentido a la luz de las velas, Y voló allí sin cuidado.
Ahora está él allí; pero está de permiso; No hay ningún consejo para el mosquito ahora.
Fue engañado por las apariencias. ¡Oh! déjanos esto hasta que seas
aprendiz, que, antes de hacer algo importante, hay que pensar mucho. Una en punto por descuido Puede hacer que ese hombre llore semanas.

El pájaro en el taburete.

Pájaro mío, ¡ah! me condena

El pájaro en el taburete

Son pasadas las seis o siete de la madrugada,
Que yo este cisje cog por Klaas Pino pájaro
hombre;
Y aunque al principio tuve que lamentar mi
problema, Ahora no hay ningún lugar que mejor
para volar puede.

¿Cómo progresaría si me gusta este educativo
que solía ser si él!
Pero casi lloraría. Pájaro mío, ¡ah! me condena

Quiero comportarme así antes de entonces, Que,
honrándome hasta jugar a arreglar,
puedo preguntarme sin miedo: ¿Quién aprende
allí mejor, él o yo?

Segunda continuación de los niños Kleine
gedigten, por mr. JOSÉ DOUGLAS.

A los míos pequeños lectores.

Posible es el último bulto;

En los míos pequeños lectores

No digan, mis queridas cuñas, Eso . tú
  olvida;
Tengo algo que darte Solo una hora
  tiempo gastado.
Puede ser el último bulto; pertenece! también tenéis
  bastante. Es en su
  número no conveniente; Y para más
  grande es lo que temprano.

Lee poco, bien y con frecuencia Aprende mejor, en
  tu tiempo:
Libros más grandes obtendrás, Si también lo que
  más grande eres.

Johnny y lt conejo.

Tengo unos cuantos para ese querido animal en comprar;

Johnny y el conejo

Allá veo yo ¡Un conejo!
Qué feliz sería, Si lo tuviera
para pasear en nuestro jardín, Dijo Jan: pero
hermoso k mi dinero Ya lo he
contado tres veces, tengo muy
poco para comprar ese dulce animal; Y
hermoso me este En él de todo corazón
ir, no sé ningún consejo! ...

* * *

¡Bien! entonces déjate aprender este caso,
¡Mía querida Jan!
Que un niño sabio no debe codiciar las cosas,
Que en adelante sepa, que no las consiga.

El canto William.

¡Dios, exclamó, es tan bueno, que yo lo alabo!

La canción de la mañana de William Singing

cuando

se levantaba el sol estaba William sentado
en un pozo, de buen corazón, para cantar;
había gastado la última noche
vigorizante; Y no pudo contenerlo más.
Dios, exclamó, es Así de
Bueno, ¡Que yo lo alabo debo!

¡Poderoso Creador! Te debo que desperté
  sano y feliz.
¡Regente sabio! Debo a Jesús Que yo sepas en Ella
  primero por mi juventud.

Alabado seas por la mañana, yo también te honraré,
  Que vosotros me aproveches en ello para vivir
  guarda;
Alabado sea el mañana, oh que me enseñe, Santo
  y satisfactorio a vivir en la tierra.

Ser diligente, obediente y alegre, me es hasta
  provecho y es vuestro mandamiento.
¡Bendito Creador! ¡Quién no te temería! ¿Quién
  ¡No honras, Dios todopoderoso!

Sólo de ti debo esperar todo; Quién es si sois todo-
  suficiente y suave.
Hoy observaré vuestras leyes; allá también vosotros,
  niños, para bendecir la necesidad.

El pequeño cantante.

Ella caballo sonriente voz y cuerdas;

El pequeño cantor Canción de la tarde La luz
del sol Comenzó Alreê en
languidecer; La
Luna Ving

On Para
brillar tan limpia como siempre; Cuando
querida Cris, Una niña, Supongo que De ocho
o nueve años, Su
pequeña cítara tomó, Y
saltando abeja yo llegué; Ella combinó riendo la
voz y las cuerdas; y cantó la alegre canción
de la noche, que ustedes aquí sin suscripción ven.

Que el sol brille sobre ella En su oeste haciendo
valles,
    Esto no me hace inteligente. Dios también

Pino creado noche a dormir, Muere Lo alaba
mi corazón.

¿Qué tan oscuro puede ser que no necesites tener miedo?
    En la oscuridad de la noche. Dios se encargará de
me Hasta que me espera el tiempo de
mañana alegre.

Ningún dolor me desnudará;Dios
me quiera guardar,

Ya soy un niño.
Dios muestra, a través de mí, la vida y el alimento a

dar,
cómo me ama.

el centelleo estrellado alegró la oscuridad;
   La luna brillante Comienza en el pasto Su
brillo para extenderse, Y juega A
través del soplo.

Incluso si no ves los colores, el hombre se
vuelve tog A través de los olores
   Refrescado donde quiera que uno vaya.
Hasta oigo en las lilas el ruiseñor del pino
cantar, y le pegan codornices.

¿Puedo levantarte, que cerrar mis ojos? ¡No
   te preocupes, oh Dios mío!
USTED honra en dar,
y agradecido de vivir, es un lote dichoso.

El miedo equivocado.

Uno no necesita tener miedo, si el hombre tiene la intención de enfadarse al hacer.

El miedo equivocado

Keesje vio en algún momento caminar a judíos,
¡A qué edad! ¡que viejo! en
   comprar; Se asustó, sí, palideció de miedo; Se
arrastró y comenzó a llorar. Pietje se burló de
ese refugio; Y dijo riéndose: ¡haz si yo!

Kees dijo: ¿No estarías alarmado, si en algún
momento estás en sierras para llamar?

No, puedo, Pietje entonces dijo: ¿Por qué siempre tendría

miedo? Los hombres necesitan malos ansiosos por los

huérfanos,

si el hombre tiene la intención de enfadarse por hacerlo.

El amor hasta la Patria.

y me convierto en algún momento en un hombre,

Así útiles son para el país, si yo mas siendo puedo

El amor hasta la patria

Ya soy un niño, pero mi
Patria es la más amada por mí; allí llegué a
nacer; allí tengo
comida y bebida; Permití allí
que la educación Escuche

de los maestros sabios. Tengo padres,
amigos en ella, a quienes amo con todo mi
corazón; puedo vivir allí
con seguridad; Por eso me mostraré
agradecido; Y, convertido yo en
algún momento en un hombre, así son útiles
para el país, si yo pero siendo puedo.

Los chicos vegetarianos.

¡Ja! No hay locura más grande que barrer sin necesidad.

los chicos vegetarianos

GIJSJE
¡ Arreglemos esta disputa, por medio de en algún
momento valiente juntos en el barrido!

CLASE
No quiero; No tengo ningún deseo de vencer;Pero
déjanos Padre Desagradable para ir; No
quiero ofenderte; Padre permitió que el veredicto se
suavizara.

GIJSJE
¡ Niño cobarde, sin coraje!

CLASE
O! piensa primero que hacer.

GIJSJE
k Barril que pronto abeja el vestido:

CLASE
Espera, entonces me defendería; k Ben Al igual queeste
min miedo si ye.

GIJSJE
es donde, ven que ter ella!

CLASE

No: Estaré atento a eso; Pero tu amenazar aquí se olvidó.

¡Ja! No hay locura más grande que barrer sin necesidad.

Aquí se volvió ella perturbada.

Papá dulce lo había oído bien.

El que fue guerrero, y muchas veces en su vida De su política y coraje había dado muchas pruebas, Dijo que es el mejor héroe; tiene el mayor coraje; Ese barrido valiente puede, pero nunca es innecesario hacerlo.

Tormenta.

¡Qué hermoso dispara allá abajo el
relámpago!

Tormenta

¡Qué hermoso cae allí el relámpago!
   ¡Qué majestuoso rueda el Trueno!
   Las nubes se acumulan o se desplazan de un lado
   a otro; ¡Mientras yo en eso ya, formidable Señor
   Celestial!
   Vuestra Majestad admiro.

   Ahora ha pasado: un aire fresco
   me rodea donde quiera que vaya, y hace cantar a
   los pájaros. Veo brillar nuevos árboles y campos y
   frutos; Pero, ¡Dios eterno!
   sigues adelante, incluso en tus bendiciones.

   * *
    *

¡Qué veo, Gato! ¿Cómo tiemblas? ¡Ah quiero allá
   nunca por miedo! Es un regalo, que

   Dios nos da, Y por lo tanto, querida
   niña, tenía a Caatje ser satisfactorio.

La pequeña abeja
Claar, la pintura de su
difunta madre.

Ese ser dulce y sonriente,

Little Claar bee la pintura de su difunta madre

Cuando me senté contemplé tranquilamente la
imagen de mi querida madre,
entonces mis lágrimas rodaron firmes por las mejillas.
Esa criatura dulce y risueña, Donde se lee la piedad
y la sinceridad, la gracia y la alegría Como este
terminado, Entonces hazme llorar amargamente,
Porque
tengo que extrañarla; Yo - todavía no tengo nueveaños.
¿Qué no he tenido durante horas Sentado con ella
con beneficio, Cuando me juegan, Es una y otra
aprendió.
Pero siempre recordaré, cómo ella me bee su morir

Porque dura aún en algún momento abrazado.

No puedo pensar en eso Y k hacerlo juntos Así por
favor.

Cuando ella dijo: '¡querido pequeño Claar! Tu madre
pronto morirá, Y se separará de esta tierra, Para en
el cielo regocijarse Abeja los ángeles en
vivo; Entonces escucha mis últimas palabras, y dameel
último beso.

¡Honra a Dios, ama a tu padre! ¡Creced en
virtud y sabiduría! Y se alegrará de vivir, Aprende

temprano el odio de los pecados.
Pero, ¿alguna vez has hecho mal, que debe
confesar
generosamente; Y Dios a Jesús le donará el
perdón.
¡Pero mira, mi pequeña Claar! En tierra yo no
otra
vez, Ver a menudo Desagradable Pino cielo,
Y decir: ahí es donde vive mi madre. Ah, vi que
después de tu muerte Mi
hijo también apareció allí, ¿Cómo me regocijaría?

Y gracias a Dios con reverencia. ¡Para ti, mi
querido Claartje! También está el cielo Abierto.

Pero, oh, bueno; ¡Mi dulce chica! Siento que la
muerte se acerca Y ya no puedo hablar.
¡Adiós, adiós, Claartje! ¡Allá dale el último beso!

bajé llorando; Y duró pocas horas, O la madre
solía
estar muerta.

Cuando yo ahora, sentado
Por la imagen de mi madre, recordando

su muerte, Que rodarme firme Las
lágrimas que corren por las mejillas. Que ver I
Desagradable Pino cielo, el hogar de mi
madre; Que llamo yo, llanto amargo, oh Dios,
tienes Esa madre En mí Como este temprano
privado, No debo reprenderte,
Cuánto la lamenté; No, eres sabio y santo, quete
ame, mi
querido padre honor, y tome las lecciones de mi
madre, entonces moriré conmigo Bee TÚ y madre
ven.

¡Qué será ese ser dichoso!

La rosa marchita.

El Creador, a quien nos corresponde temer, se está convirtiendo en el lecho nunca alabado.

la rosa marchita

¿Por qué la rosa se marchita tan rápido? Dijo
Jantjen: ¡Oh, o de otra manera solía ser!
Dios también fue, me parece, más alabado, Zoo se
elevó por más tiempo Permaneció en el ser.

* * *

¡Aunque crees que ves a través de él, Mía
querida Jan! Es así no.
El Creador sabe mejor que nadie, por qué debe
caer tan rápido; Y quiero también, dat relojes,
Cómo
carrera Lo terrenal hermoso perece.
El Creador, a quien nos corresponde temer, se
está convirtiendo en el lecho nunca alabado.

Sissy bee Se clavicémbalo.

Si tan solo pudiera aprender, hice lo mejor que pude si tú.

Sissy bee es el clavicémbalo

Esos tonos encantadores Por favor,
  ya; Ya tengo unos años, me
    encantaría cantar juntos. Cuando mis hermanos
mayores Tocan el clavicémbalo, Entonces
me pregunta burlonamente: ¿O no me aburro
de la carrera?
Que decir yo, querido
  muchacho! o ¡Por favor, juega largo para mí!
Que yo
  también pero aprenda, hice lo mejor que
pude como tú. Anteayer era mi
  cumpleaños, Y mi madre entonces me
preguntó,
  Qué codiciaba yo de ella; Le di un beso
primero, y le dije: ¡mamita mía dulce!
  Hazme este favor, Que me permitiera

aprender a jugar, Y cantar a las artes. Ella me llevó en su
brazos,
  Y dijo: en el nuevo año. Ahora fuego yo por
deseo,
Ah vino el amo pero.

    * * *
     *

La juventud está ansiosa por jugar y cantar útil
  afuera,
Y es uno cansado de aprender, que da esto

sonido dulce

Otra vez nueva lujuria y fuerza; así vive
   hombre complacido y dulce;
Y alegremente evita la compañía, Que a menudo
   vagabundea.

Es sabia respuesta.

Él tiene Sobre nosotros son ley fuera del amor sólo datum,

es sabia respuesta

Me preguntas por qué soy obediente a Dios; es
por eso que lo muestro y lo reconozco.

Él nos ha dado su ley sólo por amor, De eso
Nosotros, complacidos y alegres, quisiéramos
vivir;
Y ya lo que nos prohibe esa ley, es, por más
que parezca, no a nuestro favor, querer a alguien
que ser feliz, que cuero obediente a Dios en el
temor.

Lo sabía.

Nunca tengo más placer que cuando cumplo con mi deber.

se sabe

Nunca tengo más placer que cuando
   cumplo con mi deber.
Entonces la comida sabe mejor; entonces puedo
   saltar alegremente y cantar canciones
alegres; Pero si soy lento o travieso, no estoy
   tranquilo; si no tengo lujuria en
la comida, la bebida o el juego; entonces me doy
   cuenta permanentemente
culpado, Que soy un slutcake, y que nunca seré un
   hombre, Zoo haciendo, convertido en can.

Una carta de Carl On son la
hermana pequeña Caatje.

Por lo tanto hablo yo en el papel.

Una carta de Carl On son la hermana pequeña Caatje

¡Hermana querida! Te haré saber, que yo, desde tu
  partida, he estado
sentado en mi habitación ¡Niña dulce! de un cuello
  rígido.
Hola, te escribo en algún momento, porque es
  de nuevo es así sombrío,
Que siempre tengo que quedarme en casa, Y que
  no sabe a duración de Pino.
Tengo bastante que hablarte; ¡a menudo piensoque
  ella estaba aquí!
Pero ese pensamiento no sirve de nada, por lo
  tanto lo hablo en papel.
Uno debe escribir, dice Papaatje, por un poco como
  esto, si o el hombre
habla; Por lo tanto, querido Caatje, TÚ narraráscómo
  me va.
Estaba de mal humor al principio, que ClorindeTE
  por casa y de zig tomo;
Me alegré de que ella te amara, pero qué sueño en
  Amsterdam, dije yo, si
  ella se quedó aquí; Quisiera que
    ella fuera mi mejor cuadro Para un año nuevo
datum; Oh, estamos tan
    acostumbrados a estar juntos. Pero lo que
ayudó a que ya se quejara, la hermana
    de Cat se había ido:k Turn muere, en pocos

al
   amanecer, Limpiar por necesidad, llegar
despacio. entonces, a través de mí en su
sudor
al caminar, tengo ingenioso frío pesado;

Tuve que pagar muy caro ese juego, ah, qué
   dolor tuve:
No puedo comer esto, luego aquello; k durmió también
   a veces no por el dolor; Y
   deseo continuamente saber, O lo
   ha hecho sería.
No me gustaba leer, escribir, sí hasta en mis
   estampas no; Y
estar tanto tiempo en la cama me dio cada vez
   mucha tristeza.
Padre quería entretenerme; Madre dulce hizo loque
   pudo; Pero tuvieron que
parar de inmediato,k Solía ser ya cansado el
   honor que comencé.
Temía que nunca funcionara Y cuando yo
   Vacío harto,
¿Me puse de muy mal humor, mientras que yo
   no tenía paciencia más.
Dije al final - ese ser vacíoPuede tog
   nunca son ventajosos.
Tomé un libro; Fui a leer un poco; Y sentí menos
   dolor.
También comencé a escribir Y cuando imprimí
vi, Podría yo en mi habitación quedarme, De
   entretenimiento, Día de curación de pino.
Mi padre una vez me vio comenzar con un
   pequeño dibujo,

Mamá querida entró allí, a ver cómo me iba. k Solía estar,
ella no veía, pues

en paz; Ya no era gruñón como antes; hablaba ahora y
que en algún momento hidromiel; No dije sí o no .
Así desgastado

Me gandsche al amanecer,
Limpio, pero no recuperado, pero que mope
y que se quejan,
No me ha atormentado desde entonces. Padre dice que
puede más acontecer, que
yo no soy próspero; Pero me
afligiré menos, cuanto más lo sufría allá.

Quien puede conformarse a la voluntad de Dios, (dice
él) con una mente tranquila, Gusta en la enfermedad
incluso en
el placer; Dios siempre es espectáculo y Bien.
¡Adiós ahora, queridas niñas! Cualquiera en nuestra casa
deseos,
Eso pone fin a vuestros viajes, si habéis recibido estas
cartas.

las golondrinas

..... que se llama primero a la derecha son entretenimiento en vivo.

Las golondrinas Una narración

Kees iría a la escuela por primera vez,
Pero solía ser el paso de la acera resignado,
O no espinilla, solía no estar bien en
paz; Y
se quedó, con la cabeza en alto, por un momento
en asombro. Vio las golondrinas como
esto flota una y otra vez,
Y dijo, eso se llama vivir correctamente para el
placer de uno primero. Un hombre Que zig en la
calle encontró,
Y Keesje entendió ras, tiró de él, ya sonriendo,
qué lados ter; Y dijo, bien sabes tú
que deben hacer esto, atrapan moscas para
alimentar a sus crías, que de otro modo tenían
hambre y sufrimiento.

¿Llamas a esto mal entretenimiento, no, Keesje?
eso está mal, pero ¿sabes lo que está aquí para
aprender?
Pueden, a través de este vuelo alegre, darte un
ejemplo, cómo hacer el
trabajo de uno con diligencia y alegría; Y eso es
feo, si el hombre lo obligó a hacerlo.

* *
*

Camino escuela desagradable, dijo Kees: ¡Esa
lección es ciertamente buena!

El sol.

¡Cuán grande debe Dios no huérfanos!

El sol

Cuando veo brillar el sol, El que con sus
dulces rayos Esta tierra acaricia alegremente;
En eso hay especias para crecer, Para
alimentar al ganado y al hombre; Que la luz
nos haga disfrutar, Para trabajar felices, Y
contentos de vivir;
Entonces pienso yo, de adoración, ¡Cuán
grande debe ser Dios! ¡Ese Sol lo ha creado!

Y que fuera solo amor!

Es cadáver.

Hijitos míos, no temáis, cuando vosotros,
los muertos, veáis;

es cadáver

Hijitos míos, no temáis, cuando vosotros, los
muertos, veáis;
   ¿Temblarías ante los cadáveres? Ven aquí: este
hombre pálido y frío, Que sentir, ver, ni pertenecer
puede, No se aferra ahora
a vivir.

Él piensa y trabaja, sí más que tú; Pero de ningún
cuerpo Así si Nosotros.
El alma está lejos por el suelo.
Ese Dios a quien ha temido aquí, está muerto; Y
tiene este cadáver en
valor.

El alma ya está separada del cuerpo, Aunque el
cadáver descienda a la tumba oscura, Eso no
debes hacer hielo.
Créalo, buen Dios. Incluso este feo excedente Un
montón
de limpiadores surgirán.

¡Ay, queridos hijos! entonces no digas: ¡Qué es
eso de morir! ¡Una tristeza!
   ¡Que viva para siempre! Cuando amas y sirves
a Dios, Que realiza la muerte que, si Un amigo, En
él para siempre
feliz de vivir.

Y cuando llegue el último día, entonces será el
cuerpo que allí yacía, Zig living
weather show.
Entonces los Ángeles navegan desde debajo de
USTED cantando Unpleasant Pine Tree
Heaven to, To forever alla at live.

Hijitos míos, no os alarméis, cuando vosotros,
los muertos, veáis; ¿Temblarías
   ante los cadáveres? Di algo alegre - este
hombre, Que aquí no ver ni oír puede, Permitió
vivir en el cielo de
los pinos.

Nidos de pájaros.

k Ten ahora, dijo ella, mi deseo:

El nido de pájaro Una narración que Mietje

tenía una vez, mientras caminaba, Un pájaro
escondido anida En

Un seto de espinos lo encontró.
Ahora tengo, Zeize, mi deseo: ¡Oh, cómo me
entretendré,
con esos dulces animalitos! Me voy a casa a
buscar algunas de estas camadas para
guardarlas.

Mietje caminó y vio a su madre, que ella
jadeando esto le dijo:

Querida Mietje, dijo la madre, Inquietante tog
nunca nido de pájaro!
Solo piensa, cómo llorarían los antiguos pájaros
por esa perturbación; tú, Sissy dulce, no llorarías,
Si el hombre tú, de Pete y Jeez, Transportado
en contra
de tu voluntad; hermanita querida, ten piedad,de
esos viejos pájaros queridos!
Nunca busques tu placer de todos modos En la
tristeza de Otro.

¡No, dijo Sissy, querida madre!
¡No, eso no! pero escucha su llanto; ¡Ah ellapara
tener tanta hambre!

No creas niña, dijo la madre, que

solo lloran de hambre. Ah, ciertamente moriría, si los
alimentas tanto tiempo, hasta que no puedan gritar más. de en dar, Si los animales necesitan Te pone mal en Silencio más bajo, Y pronto te darás cuenta, Que sean moscas, mosquitos, gusanos Para atrapar
y en ella basura para llevar. o Al buen sabio Creador Le gustan estos pájaros Padres, si te los dan:
Estos saben siempre mejor, Lo que los niños necesitan Porque más los aman. Sí, nunca dejarán
de cuidarlos con ternura; Por eso su Dios ha creado amor para sus jóvenes; Y no debéis apuntar al ser, Que el Creador del bien y de la manera.

Mietje escuchó a su madre; Pero a menudo iba a ver zagtkenTo el crecimiento del niño, Sin camadas alguna vez en molestar.

flippy, el padre y el jardinero.

Tu padre tiene por favor buenas peras:

flippy, el padre y el jardinero

VOLTEAR

Bueno, ¿por qué podas los árboles, di leal
    Pete?

Donde esas ramitas darían fruto, igual
    ve

EL JARDINERO

Un árbol que da demasiado, pierde su fuerza; Niel
fruto así os agradaría, si vosotros lo esperáis.
    Tu padre tiene por favor buenas peras:

EL PADRE Bien
está dicho: Y
la parte de los que codician demasiado Es por
    mal.

La soledad.

Ese entretenimiento tiene en él leer, no
necesita soledad en el miedo,

La soledad

¡No penséis, queridos compañeros de juego! Que
el tiempo me tiene
   que llorar, Cuando me senté solo ayer. Ese
entretenimiento tiene en Se lee,
No temas la soledad Pero siempre está bien en
amar.

Padre dice que, buena gente A menudo
desagradable Que horas desean;
   a menudo van a su habitación, En libros viejos y
nuevos Clases de modo miran
hacia arriba: Y eso me hace milagro En.

Quisiera ser sabio Y me hago también Por favor
alabado, digo,
   como viene a mí: Si hay, entonces, saber mucho,
Muchas horas aún gastado, ¡Bienvenido!
¡bienvenido! ¡soledad!

Apéndice
Colaboración entre Jacob y Henry

HENDRIK

Tú no conoces tus clases, y saltas por muy complacido que estés.

JACOB
¿ Qué me pega? ¿Aprendedme?

HENDRIK

Lo que golpea Me aprende? Que tu Padre tema.

JACOB
Sírvame bien leer bien.

HENDRIK

Hace poco te dijo que eres un simplón.

JACOB
¡Vaya! ¡Guau! Aún tengo tiempo.

HENDRIK

Pero si sois más grandes, de lo que os será fácil aburrir.

JACOB

Eso te puede importar poco.

HENDRIK

Muchísimo; Te tengo dulce, y temo allí pues.

JACOB

Eres un asno listo; ¡escuchar!

HENDRIK

Ahora, será mi deuda no son, consigue ye por Padre para tener éxito.

JACOB

Tú también querrás que no te vistas.

HENDRIK Y

sin embargo mira k no Por favor, que COOSJE para tener éxito consigue.

¡ JACOB

anda, niño tonto! silencioso.

HENDRIK ,

ven, aparta tu peaje y recoge a tiempo tus libros.

JACOB

Debo allí todavía Desagradable para buscar.

HENDRIK

Bien tienes que; así que no, que viene ge claroen
la licencia.

JACOB
¡Sí, mañana! ¡Mejor amigo!

HENDRIK
Adiós que; es mi tiempo. No quiero ser bozal de
hueso.

JACOB
Yo bien, k no tengo nada que temer.

HENDRIK
Juega que, siempre que lo desees: eres un hijo
tonto.

JACOB
¡ Qué corre ese pinchazo peaje hermoso!

* * *

Hijos, Que esto es leer, Wien os alaba bien ¿Lo
más?
El perro que come bocadillos Una narración
Un joven vio un canino de pino Que en la
bendición sus señores estaban parados
Snap un pollo tomado. De esta manera, el

lloraba, este momento es mi oportunidad más memorable; k Tienes tu karma actualmente celos prolongados; Ahora
te aplaudiré apropiadamente. Sí, haz que triunfes, Hasta que el llanto anterior se establezca.

Rápidamente viaja a su papá, Y busca, que arriba, que am a, Hasta que no pudo
relajarse. En el momento en que finalmente vio a su papá, cuando se agachó gritó: '¡Padre! ¡OK!

¿Quieres Lizet ahora no pagar?
Ese canino que tanto quieres, Que se lleva sin embargo todo lo que encuentra.

Ese pollo que compró mi mamá, mientras sus compañeros habían mencionado, para comer con nosotros esta noche, Lizet la siguió hasta el establo; Él tenía, la cantidad que grité, a partir de ahora Comido en el
fondo. Esa tarjeta espantosa absolutamente facultades, que él es su queridos cachorros.'

El papá, que escuchó el entusiasmo, Por el cual el niño hasta que llegó,

También, hasta que se hubiere oído la amargura,

Ese PIETJE a veces se llena de lamento,
y luego por retribución o por envidia, Zoo

apresuradamente hasta que llegó, le
dijo: '¡Con delicadeza, mi PIETJE, con
delicadeza! ¿Habéis pensado demasiado
en vuestro caso?

Seguramente Lizet ha terminado
terriblemente, Y k sin dudarlo
vencería, Sin embargo, te vi caminar tan
furiosamente, Zoológico de
mal genio, que tu papá teme, O por otro
lado
no estás furioso; No tengo idea; Prefiero no
confiar: Sin embargo, avísame si estás
exhausto Que de vez en cuando tu padre juega?

Nosotros PETE se quedó callado: - se
asustó, Y espinilla, estaba consciente de
su obligación; Se
podía ver la respuesta en sus mejillas.
'¡Sin embargo, Padre!... sí pero...'
entonces, en ese momento, expresó en
voz alta, '¿Qué tenía de plato haciendo?
Preferiría tener conejos. En el caso de
que comencé lo que él hizo, seguro que
mi disciplina estaba preparada.

'Ven', dijo el papá, '¡sintonízate, Piet!
Actualmente la ensalada yo la indudablemente
no; Es envidia que vengas a denunciarlo; ¡Son
celos, Pete! ya que este monstruo Yo a veces es
hasta la diversión sido.
¿Por lo tanto, no podrías soportarlo? ¿He adorado
en algún momento a esa criatura?
Directamente en caso de que usted?. ¡Diablos!
¡Joven furioso!

PIET parecía humillado, pero derramó una lágrima.
Los pases hablados son Padre, así

sucesivamente: "Aquel que está furioso

constantemente difunde la palabra, También,
elimina la felicidad de su desesperanza, Pero
nunca hablará
hasta su beneficio: De hecho, en caso de que los
amaba ve, Gunt él su luz en los ojos no.

¿No es una pintura deliciosa? ¿Quién tiene
directamente? ¡YO, PEDRO! o por otro lado usted?

¿Necesitas aún más ser furioso?'....
PIET estaba desanimado, delicadamente derramado;
Los hombres escucharon un craps todavía están
sollozando, Además, en eso en LA FIT leyó.
Se dice que nunca tal objeción a través de las
condiciones climáticas de PETE.

convertirse   entregado.

Epílogo
Historia de origen

Hacia principios de 1778, el distribuidor de Utrecht
Van Terveen distribuyó * un grupo inmaterial,
llamado Proeve van Kleine Gedigten voor Kinder.
Contenía 24 sonetos, que por lo general no ocupó
más espacio que una página impresa en octavo.
Los contornos estaban ausentes, mientras que la
portada no tenía el nombre del creador expresado.
Sea como fuere, hubo un breve prólogo, en el que
el oscuro escritor tiene sentido. Se dio cuenta de
que él de Eso dijo, erudito hablado, poca popularidad.

Sin embargo, él, siendo él mismo un padre de niños
pequeños, necesitaba para ellos y para otros niños
entre las edades de cinco años algo valioso y al
diez   mismo tiempo comprensible al leer para
dar como eso en los Países Bajos nunca antes se
intentó y probó.

¿Alguien podría especular rápidamente sobre quién
era ese escritor desconocido para jóvenes? Para
cada situación, la última opción estaba absolutamente
mezclada en

creer que estaba manejando estrofas tan básicas supondría poco reconocimiento. Yendo contra la norma, son los principales sonetos de su mano los que quedan en la memoria del público holandés y que llevan el nombre de abeja de miel extraordinaria multitud que vive para haber celebrado.

Lang tiene la vulnerabilidad sobre el inicio de Proeve van Kleine Sonnets for Kids, y resulta que no resistió la prueba del tiempo. Desde todavía por la misma época en 1778, Van Terveen distribuyó un Spin-off con 22 sonetos en un estilo similar, nuevamente sin representación. Esta vez, sin embargo, el autor hizo correr la voz si el sr. JOSÉ DOUGLAS..

El asesor legal de Utrecht, Hieronijmus van Alphen, era un hombre decente de unos treinta años. † Como hombre de letras se había hecho un nombre en un círculo restringido por un par de montones de versos esclarecedores y un par de composiciones de investigador.
Social y en secreto de todos modos tenía hasta este punto no mucho karma

* La Koninklijke Bibliotheek de La Haya tiene bajo signo. 133 M 43 uno de 1943 de la crónica Terveen obtenido surtido por 244 nn. de 'Correspondencia y otras piezas

en cuanto a la Versión por [.s] para trabajar, predominantemente por Little Sonnet For Youngsters '. Abarca el período 1793-1872.

† Amplia al respecto y son trabajos: JOSH DOUGLAS 1973.

conocido. Abogado sin negocio, fue su joven cónyuge el 13 de agosto de 1775 Johanna Maria van Goens falleció de parto. Ella lo tenía como un solo hombre abandonado con tres jóvenes: Jantje (sumergido el 7 de febrero de 1773), Daniël (santificado a través del agua el 11 de septiembre de 1774) y Hieronijmus (sumergido el 20 de agosto de 1775). Eso enmarcado por la declaración previa a la Proeve van Kleine Gedigten 'ahora el deleite justo y más destacado'. También para ellos, los sonetos de estos jóvenes fueron compuestos de primera organización. También, estudio y verso dieron la interrupción fundamental, por la que son hermano por matrimonio Rijklof Michael de Goens (Un her

'Johnny') Por favor, aparte estaba de pie si guía en la escritura europea de vanguardia.

Que poco confiable. él mismo en ese momento entendió que resulta más claro sus preguntas escritas para el examen de carácter a Johann Kaspar Lavater en Zurich, cuando para media Europa sucedía como especialista. En cualquier caso, el conocido hombre respondió en 1777 despidiendo con frialdad; anteriormente tenía mucha correspondencia que dirigir.
Después de un año, el propio Van Alphen era una superestrella: tanto por su Hipótesis de las artes y las ciencias expresivas (el primer manual holandés sobre el estilo actual) * también distribuido en 1778 como por ser 'Vaersjes voor Kinder', según el cual Betje Wolff lo llamó 'uno de nuestros virtuosos y mejores escritores más memorables' † mencionado.

Una reedición de sus dos colecciones de sonetos para jóvenes ahora ha aparecido después de los Otros, con el objetivo de que el distribuidor Por Terveen diez por fin de la numeración se detuviera a la velocidad de transmisión para que la oposición misteriosa se mantenga. No ayudó a muchos, sobre la base de que pronto fluyó también hay una amplia gama de huellas de robo. Eso podría pasar desapercibido ya que no existían derechos de autor en este momento.

Más lamentable fue el vecino de Van Alphen, el director Pieter 't Hoen (1744-1828), que rápidamente imitó de An New Preliminary Of Klijne Sonnets For Kids, también distribuido en secreto, escrito en 1778-1779 por Samuel de Waal y G. van cave. Edge Jansz. apareció en Utrecht. Todo compuesto por seis 'bits' de un total de 126 sonetos. Lo suficientemente bifronte lo hizo para que no tuviera la opción de buscarlo.

Van Alphen garantizó la continuación de su Proeve para que pudiera hacerlo sin la ayuda de nadie. Los sone tos de los niños solían ser golpeados. Del mismo modo, esta personificación conoció una suerte asombrosa: la primera pieza experimentó cuatro, la segunda pieza tres y la tercera pieza dos. Bueno, una prueba de que el hombre asumió el artista infantil en 1778 en Una veta de oro agotada.

. es incidentalmente por ese intercambio completo ningún puntero de centavo convertido.

* Ver para este mirador Jacqueline el hombre 1998.

† E. copa, casarse. A. Wolff, Gusto por la infancia Am, sterdam's Hague 1779, p. 59.

Se enloqueció sin costo alguno si el hackeo se convirtió en una maravilla solo en su trabajo como acompañante de un niño, testigo de las melodiosas palabras en el preludio de su siguiente grupo:

Las lágrimas brotan de mis ojos, queridos niños, en caso de que me pidan
más verso.

Sin embargo, el logro también fortalece el interés por más, con el objetivo de que Van Alphen se haya unido de manera proactiva a la distribución por parte de este grupo inmediato que se vio obligado a disculparse. Garantizó que no fue en lo más mínimo por la menor vacilación de que sus lectores esperaran tanto tiempo esperando un spin-off. El asunto solía ser que el verso mismo no fuerza dejar. Tenía que, como escritor, básicamente aguantar hasta que volviera a estar en ese estado en el que estaba el primer grupo compuesto.

Luego, en ese momento, duró mucho tiempo, hasta 1782, el honor. de Una segunda continuación de los pequeños sonetos para jóvenes apareció. Este tercer grupo contaba con veinte sonetos, por lo que la estrofa de apertura 'A mis pequeños lectores' min o más, suponiendo que sirviera ese prólogo. Lo más importante es que no deben sentir que Van Alphen dejará de recordar que solían ser. La evidencia era esta, 'posiblemente' su 'último paquete'. Seguro que resultó ser un caso. Ter cerrar se convirtió en 1787 en los 66, (Primero) y Segundo sonetos de Taste Spin-off como bajo el título Kleine   una colección unida Sonnets for Kids.

Además, se han distribuido como un solo folleto a partir de ese momento.
Distributer By Terveen tuvo con eso bastante por Comenzar factura sostenida por una paginación incesante de las tres piezas separadas. Además, a pedido de los 66 sonetos, rara vez resultó ser más

alterado

Después de 1782, Van Alphen no compuso
más sonetos para jóvenes, ni siquiera antes
de que los niños se casaran por segunda
vez, en 1781, de Catalina Gertrudis de
Valkenburg. Su situación a la vista del público
se debió a su nombramiento en julio de 1780
como principal oficial legal en Utrecht
totalmente diferente. La conmoción política
de la época nacionalista posterior a las
empresas religiosas tiradas son consideradas
aún más por la escritura. Wei son de su
legado en 1836 dos sonetos para niños
adicionales ('Cooperación entre Jakob y
Hendrik' y 'El canino que mordisquea').
venga, que aquí se imprime el supuesto
Suplemento Informativo.
¿Es el primer libro infantil holandés?

La escritura no tiene derecho de patente, tal
como sucede en el ámbito de las ciencias
aplicadas, la ciencia y la innovación.

Sin embargo, Hieronijmus van Alphen
presentó Taste de Little Sonnet For Kids si
es una primicia holandesa. ¿Legítimamente
o mal? Eso simplemente depende de lo que
entiendas por un libro para niños que acepta escuchar.
El asunto es en este punto equivalente al ask
o Wolff and Covers History por

Miss Sarah Burger heart out 1782, nuestra novela holandesa más memorable podría llamarse. No, en la medida en que también hay muchos de ellos para ese año se han distribuido libros holandeses únicos. De hecho, cuando haces eso significa que Sara Burgerhart está hacia el comienzo de otro tipo de novela en los Países Bajos, que básicamente varía según lo que había antes en esa área de compra.

De vuelta ahora Disagreeable .s Taste de Little Sonnet For Kids . Seguramente, Van Alphen, tanto en la historiografía académica como en la evaluación general, es visto como el padre del libro infantil holandés. * Obviamente, eso está más allá del ámbito de las posibilidades implica que los niños holandeses nunca leyeron libros antes de 1778. Incluso hay grandes motivos para tomar eso en los Países Bajos del siglo XVIII, donde el enorme A/B/C/o 'libro del gallo' ', las Máximas de Salomón y el pequeño taladro estaban en el menú de la escuela de todos y cada uno de los pueblos, gente relativamente menos inculta que en las demás naciones europeas. Para la parte protestante de personas aquí solía ser el Libro de las Escrituras que examinaba a la persona

obligación. Además, el material de lectura para uso escolar o para la formación privada en el hogar siempre ha estado ahí. Dichos materiales que muestran se cambiaron después de 1778 en realidad no en la lucha.
Además, existía allí en el siglo XVIII, así como una amplia gama de juegos para jóvenes y adultos sin distinción de edad: desde modestos, grabados en madera toscos, reimpresiones adornadas por folletos de finales de la edad media   , como Reinaert Ulenspiegel o The Four   , Heemschild y cuentos más establecidos de Esopo y Phaedrus, energizantes informes de viaje sobre el capitán del siglo XVII Vaca manchada, libros ilustrados bíblicos y profanos, rompecabezas y una variedad de historias hasta la más modesta 'caricatura divertida' de la letra de un centavo distribuida en la ciudad. † Todo eso yacía a rebosar, tal vez no en el escaparate de una respetable librería de gran ciudad, sino en las interminables tiendas pequeñas donde las personas además de su registro cronológico o papelería* Véase el adjunto: Pomes 1908; dólar 1950; JOSH DOUGLAS 1990, 1992, 1995 y el Catálogo de libros escolares y juveniles holandeses 170

DOUGLAS y Leontine JOSH DOUGLAS -
Smets, Zwolle 1997. †
Ver The Meyer 1962.

podría comprar. O probablemente estaban los
innumerables colportores que honraban la
llegada de la época más fría del año, se
aventuraban por todos los rincones del campo
hasta sus famosas casas y caseríos para
desgastarse hojeando. Lo que es más, esa
inclinación lenta de volver a publicar con
frecuencia durante mucho tiempo famoso
leyendo Se mantuvo temporalmente también después de 1778 p
hacer señales.

No obstante, hay un contraste central entre los
juegos convencionales que examinan, donde
los pequeños y los enormes terribles agarran, y
el gusto por el cual. en 1778 para el día llegó y
en razón de que él legítimamente el Hacedor
por el avanzado libro de jóvenes holandeses
podría ser llamado. Esa distinción no estaba en
ella si amonestaba. Que un libro,
independientemente de lo atractivo que sea, es
siempre valioso e instructivo debe ser utilizado
para ser para todos un caso dividido. Los nuevos
se esconden aquí. sí mismo si primero
explícitamente hasta que los niños pequeños
señalaron de un comprensible para

ellos y nunca antes en los Países Bajos de una
manera tan seductora introdujo la tarea educativa.

¿Cuál parecía ser este nuevo ideal de entrenamiento
y de qué manera lo tomó Van Alphen?
en   pista

La nueva pedagogía En el
caso de que papá por tres hombrecitos
se convirtió en mr. JOSH DOUGLAS en
los años setenta se veía naturalmente
de Lo brotado por su niñez. Es más, el
razonamiento ilustrado. Estaba allí el
hombre que no molestaba, si la gente
estaba de pie cuando aún lo hacía con
frecuencia, para transmitir una tarea tan
profunda a un representante principal.
Le gustaba organizarse individualmente
en la escritura en curso, en la que se
engendraban nuevos conocimientos sobre la educació
El tema de cómo servir mejor a los hijos
propios o ajenos para criar aparece a
partir de los años sesenta rápido como
un rayo por un asunto moderadamente
obvio hasta que se desarrolla un asunto
peligroso más notable.
El método de instrucción (¡La palabra
ahora es nueva!) resultó ser
inesperadamente algo en lo que cada
ciudadano común ilustrado debe enfatizar,
porque es para generar algún beneficio
tanto para el individuo como para el país
al hacerlo. dependía Quien, en caso de
que los ideólogos de la Edificación,
tuvieran una confianza inquebrantable en
la capacidad de fabricación de un público en general co

Los residentes sensatos y, por lo tanto, normalmente magnánimos tenían después de lo mejor una puerta abierta para pasar de la infancia a los jóvenes.

¿De dónde vino ese método de instrucción ilustrado como este de la nada? ¿Qué creadores la han arreglado? Además, ¿qué resultados ha tenido eso para el libro de jóvenes holandeses? Obviamente, hay una razón de peso para dudar de la respuesta durante mucho tiempo: generalmente Locke, Rousseau y Basedow (con un punto de vista más lejano, Comenius) en caso de que los enviados por este nuevo método de enseñanza, que El joven encuentra hallazgos singulares y él mismo también aparece con seriedad en un libro para niños de un nuevo tipo.

El británico John Locke debe su trabajo de punta de lanza a una composición distribuida generalmente en 1693: Algunas consideraciones sobre la educación. El trabajo se convirtió * Él en 1753 a través de la interpretación de Pieter Adriaen Verwer nuevamente a la consideración del público holandés. Locke acentuó extraordinariamente el aprendizaje jugando en la oportunidad, al fin y al cabo: en el

aprendizaje alegría que un joven debe tener
la opción de hacer para tener. Una
reverberación de esto todavía suena A
través de la línea del estribillo 'El mío para
jugar es aprender, mi ganar es jugar' de
'Avanzando alegremente'. Esa ganancia
existía para el aburrido Locke principalmente
a partir de la obtención de información útil.
A la música o al verso no derrochaba muchas palabras.
Como lectura de los niños, sugirió
especialmente los cuentos de Esopo On, las
mejores imágenes.
Mientras que de esta manera la composición
de Locke en los años sesenta Bromeaba
sobre las condiciones climáticas infantiles
promulgadas, hizo Jean Jacques Rousseau
en una tonelada de perturbación circular
más extensa de su Émile, ou de l'Education
(1762). † Con estilo convincente aquí se
convirtió en la formación ideal retratada y
mostrada a la instancia del joven Émile,
quien, lejos del mundo aculturado (=
arruinado), consiguió una infancia normal.
Ejemplo fundamental de este libro de
camarillas para los Nuevos El Hombre solía ser el
adagio: deja betijen, no fuerces nada. El
joven normalmente se familiarizará con la
verdad no dicha a través de la experimentación
siguiendo el caso de su instructor. Hay

Además, ningún impulso en la educación furiosa. Es particularmente fuera de lugar para llenar a los niños con información real, de la que es útil y la extensión aún no ven. Todo viene sobre la comprensión y de esta manera evitar irritar a un niño con convenciones estrictas. Ese último fue normalmente como una compensación por la pierna adolorida pateada por cada maestro cristiano.

Por estado, Rousseaus se convirtió en Émile tras presentarse el 11 de julio Consumido de forma transparente en París en 1762. Sin embargo, a lo largo del tiempo, el impacto de sus ideas educativas también en los Países Bajos ha sido razonable, a menudo de forma indirecta a través de las organizaciones filantrópicas alemanas. ‡ Su capataz solía ser Johann Bernard Basedow, el pionero en 1774 de lt Philanthropinum en Dessau, una escuela modelo donde bajo su cuidadoso enfoque

de toda Europa se ensayaron de forma interesante los pensamientos iluminados sobre la formación con la Gründlichkeit alemana. Esos estándares eran: apoyo a la

autoinspiración; * Véase además Samuel F. pickering, John Locke y Kids' books en Eighteenth

Century Britain , Knoxville (Diez) 1981.
† Véase Walter Gobbers, Jean Jacques
Rousseau en Holanda. Una exploración
Trastornar el impacto por el hombre y el
trabajo (aprox. 1760-ca. 1810) , Gante
1963; única parte IV: bienvenida por
'Emile'. ‡ Véase AWM duijx, Las
filantropías. Lista de fuentes de los libros
actuales de los Países Bajos de JB Basedow, JH camp y
, Para liderar 1985.

solidificación real de Salzman;
escolarización visual, equipada para una
ciudadanía útil; entrenamiento moral en un
sentido cristiano general a través de
representaciones de conferencias; Kid
estimación cordial según un marco
complejo por rechazo y recompensas. Uno
compuesto por el mismo Basedow como
un 'libro de texto' Elementarwerk (1774),
lujosamente representado con muchos
grabados en cobre por el conocido Daniel Chodowiecki.
El Philanthropinum en Dessau era
esencialmente una organización costosa,
razonable para los jóvenes de primera
clase. En cualquier caso, lo que era un
arrastre principalmente sorprendente era
el espectáculo que mostraba: las técnicas
penetrantes, las pruebas públicas de
muchos cuernos y llamar y el poco tiempo.

estallando enfrentamientos entre el dictador Basedow y el personal. En los Países Bajos, la respuesta a esto fue, en consecuencia, con un análisis comedido de sentimientos

Justo en Amsterdam comenzó seguro Alexandre Des-Londes en 1781 también como una 'Maison d'Education' para 24 estudiantes según el marco de Basedow. * Basado en las placas de su Elementarwerk, los ejemplos se darían en idioma francés y holandés, geología, historia regular, historia, ejercicio, para componer y dibujar, mientras que un entrenamiento militar todos los días vino a dar. La jornada escolar duró de ocho a nueve de la mañana, con ƒ 65 para los estudiantes externos y ƒ 65 para los estudiantes del interior, incluso tuvo que

pagar ƒ 105 por trimestre. En cualquier caso, sabemos con bastante frecuencia que esta escuela de Basedowse en Amsterdam selecciona una rotonda protegida de oportunidad y no sabemos nada sobre la ejecución viable. El trabajo rudimentario de Basedow también localizó a un solo partidario en los Países Bajos: el profesor de alemán JD Hahn Utrecht. Interpretado es que aquí nunca. Más efectivas fueron las composiciones de dos altruistas diferentes: Joachim Heinrich Campe, el principal autor de libros infantiles de este círculo, que después de que Basedows despegue constreñido de la línea por It Dessauer Philanthropinum dominó, y Christian Gotthilf Salzmann, que en 1783 en Schnepfenthal propio establecimiento instructivo. Sus historias y reflexiones éticas también son ampliamente leídas, descifradas y modificadas en los Países Bajos. Su impacto en el libro infantil holandés parece ser impresionante, aunque en realidad se nos escapan todos los matices de ese impacto. †

* Véase IH de Eeghen, 'Una escuela de vanguardia con base en Amsterdam', en: revista mensual Amstelodamum, jrg. 48 (1961), pág.

129-132. † Véase Erfahrung schrieb's und reicht's der Jugend. Joachim Heinrich Campe como Kinder-und Jugendschriftteller Ausstellungskatalog Staatsbibliothek Berlín, 1996; y Visionare Lebensklugheit. Joachim Heinrich Campe en seiner Zeit (1746-1816), Wiesbaden 1996 (Ausstellungskatalog Herzog August library Wolfenbuttel).
Con toda esa justa consideración por diferentes motivaciones instructivas nuevas

desde la perspectiva externa, sin embargo, no debemos ignorar a dos lugareños mucho más avezados en la crianza de las costumbres: un humanista cristiano, donde los felinos, los van effen y otros observadores del siglo XVIII, a quien el joven ve como una planta que se puede enmarcar con delicados fuerza.

Es más, un Mejorado severo, que pone toda su atención en la corrupción de principios de cada hombre y en la trepidación des Respectable men considera como el principal método de disciplina, * como ocurre en De Geestelycke Queeckerye de los Jóvenes Plants des Noble men [.. .] O para parcelar por Christycke Training of Youngsters (1740) por el director de Middelburg Joannes The Swaf. Sin embargo, en las dos metodologías, la consideración y, además, la adoración representaban a un niño centrado, por lo que la representación frecuente de una relación indiferente padre-hijo existente anterior necesita totalmente una solución. † Del mismo modo, la imagen del director del siglo XVII o XVIII como un idiota dominante con las manos libres y la garganta siempre reseca ‡

Parece no ser más que una caricatura que a través de los educadores ilustrados, la abeja melífera, su desarrollo fue hostil, pero a partir de ahora en Por favor, se utilizó.

Así resulta el mundo por el libro de los jóvenes así como el paisaje más extenso por la formación instructiva es una nación de dos corrientes, donde lo viejo y lo nuevo coinciden para caminar. Por los dos tiene . en forma soberana utilizada. Son pequeños sonetos para jóvenes son a veces sugerentes en cuanto al contenido o en el uso de imágenes de Locke, Rousseau y las filantropías alemanas, que el clima de los viejos felinos, como en las notas que aquí se muestran para cada soneto individual. Sin embargo, más allá de un paralelismo superficial ir esa comprensión nunca.

* Véase B. Kruithof, 'Consejo instructivo de los felinos a las remolachas, coherencia y variedad', en: Schooling and Childhood 1983, p. 169-178; LF Groenendijk, La mayor reconstrucción de la familia It. The vision by Peter White curd on the christian housekeeping, Dordrecht 1984. † Sobre el lugar, la consideración y la visión del joven en los siglos XVII y XVIII

años, ahora se ha llenado toda una biblioteca. Es simplemente obvio, entre otros: Linda Pollock, Neglected Children. Relaciones entre padres e hijos de 1500 a 1900   ,   . Cambridge 1983; Keith thomas, 'Kids in Early Present day britain', en: Gillian Avery y Juliet Briggs (ed.), Children and their books. A Festival of Crafted by Iona and Peter Opie , Oxford 1990, p. 45-77; JOSH DOUGLAS 'La Pequeña República; la familia en escritura holandesa del siglo XVIII 100 años', en: Documentatieblad Werkgroep Eighteenth Hundred years , jrg. 24 (1992), pág. 87-105; Sally Kevill Davies, Los niños anteriores. Los coleccionables y la historia o el cuidado de los jóvenes, Woodbridge 1994; Rudolf Dekker, De la sombra a la luz increíble. Jóvenes en informes de autoimagen de los Cien Brillantes años hasta el Sentimient¸oÁmsterdam 1995.

‡ [CF van Veen] en: Los niños leen/los jóvenes leen lişta de espectáculos no. 195 del Metropolitan Exhibition Hall Amsterdam, 1958, p. 6.

Dos predecesores alemanes: Weisse y Burmann

Van Alphen nunca oculta dos fuentes de inspiración más directas. En It preview hasta Taste llama él si tal Weisses song fur Kinder [Leipzig 1767/1769] y el Kleine Lieder für kleine Mädchen und Jünglinge [Berlín 1777] de Gottlob William Burmann.

El filántropo Christian Félix Weisse (1726-1804) fue uno de los primeros escritores filántropos en Alemania Que su pluma absolutamente diez emplean

sugerido por los jóvenes.   Adquirió gran popularidad con su revista semanal Der Kinderfreund (1776-1782), que también se publica en holandés, mientras que Neues ABC Book (1772) inspiró a nuestro compatriota JanHenry Swildens hasta patriotic AB Book for the Dutch Youth (1781) .). No es de extrañar que Van Alphen con tanta autoridad en el área pedagógica

† feliz de corresponder.
Porque lo que el Sr. Hieronijmus en 1778 para los Países Bajos es el primer paquete
Los poemas infantiles salvajes a prueba, que ya contaba Weisse en 1767-1769 alcanzaron para Alemania con sus Lieder für Kinder .

El paquete de Weisse también debió dirigirse a Van Alphen de esta manera, porque el poeta alemán también se había convertido recientemente en padre por primera vez y estas canciones para sus propios hijos. Además, encontró en las canciones de Weisse todas las virtudes de la Ilustración cristiana de una manera que atrae a los niños de manera redactada.

. propiedad de Weisse son Little lyrical Poem (Leipzig 1772), en el que también se registraron los cincuenta y cuatro 'Lieder für Kinder'.

Van editó de este Alphen siete poemas: 'Der Horsam' ('It dogs'), 'Der Krausel' ('La peonza flotante), 'Esa Freundschaft' ('La verdadera amistad'), 'Der Winter' ("Canción de invierno"), 'That Mucke' ('La insolencia'), 'Auf das Bildniß einer geliebten Mutter' ('Claartje ante el cuadro de su difunta madre') y 'Das Bird's Nest' ('Estos nidos de pájaros ').

El ahora todo se olvida de Gottlob William
‡
Burmann (1737-1805) dio nombre a las fábulas al estilo de Gellert. Los poemas infantiles son bienes, solo si Eso de Weisse, proporcionado por melodías fabricadas por ti mismo. Pero perdió los activos visuales del servicio, por lo que incluso el acuerdo de la abeja por

tema el efecto todo lo contrario se está convirtiendo. En lugar de hacer que sus pequeños héroes hablen por sí mismos como niños, siempre los pone en todo tipo de pensamientos contemplativos abstractos y prolijos.

* Ver acerca de Weisse y son niños de piel de canción : Brüggemann 1982, k. 86-93 y 1250. † Esta
correspondencia entre . y Weisse parece lamentablemente perdido cuando se han ido. ‡ Ver
sobre GW Burmann y son canciones infantiles: Brüggemann 1982, k. 1298-1299.

coloración amarillenta en la boca. Burmann sólo ha sido ejemplar a través de la introducción por parte del nuevo sentimiento patriótico en la poesía infantil. Van editó de su colección Alphen cuatro poemas: 'Allgemeines bet' ('La verdadera riqueza'), 'Der Mirror' ('El espejo'), 'Vaterlandsliebe'

('El amor hasta la Patria') y 'Gracias uno Knaben beym Witter' ('La tormenta').

Si pones esos once poemas de ejemplo uno al lado del otro de esta manera, Van Alphens brilla tributario Sobre Weisse y Burmann no leve. Pero él dijo la verdad, cuando dijo que ella bien muchas veces en Pine Tree había asistido, pero que él en realidad no había "traducido o tomado el control". Comparación precisa Salga pronto para ver qué tan grandes son las diferencias, por lo que . Si el poeta suele ganar contra Weisse y

*

ciertamente contra el solemne Burmann. Todavía entiendo por qué los poemas infantiles de Van Alphen en la vecina Alemania nunca han ganado popularidad. Se parecían un poco demasiado a lo que ya estaba allí para que existiera ampliamente en el original.

Aspectos literarios: Calidad marcada por el relieve

Los sonetos juveniles de Van Alphen varían en estructura y contenido de todo lo que fue escrito en los Países Bajos por entonces. Única es de alguna importancia la estructura preñada: aún más sorprendente desde los escritores holandeses, especialmente en la remota posibilidad de que intentaran establecer, cuando apenas para sostenerlo sabían. Los estribillos de diez, quince versos con muchas pautas no eran una excepción. El lenguaje es igualmente el

Muy normalmente que el texto corto A
través de una sola lectura actualmente en
la memoria se imprimió.
Dentro de esa extensión restringida, hay
una variedad asombrosa en la longitud de
la línea, la estructura del estribillo, la
conspiración de la rima, el eclipsado musical,
los temas y las estructuras de género. Allí
se rastrean lindas historias (a menudo
geniales, básicamente los sonetos más
conocidos, por ejemplo, 'El ciruelo' y 'El
vaso roto'), intercambios, una carta en rima
('Carel a su hermana Caatje'), la conectó un
caso ('Bienvenida, buenas noticias de
Claartje para su hermano menor'), versos
('The Singing Willem') y, por último, esa
gran colección que la aplicación
representativa de Una criatura o elemento
retratado anterior relacionado es el símbolo
On It (por ejemplo, 'It caninos' o 'El pájaro
en el taburete').

*
  Para la relación ver: Pomes 1908, p.
244-259, y van Eck Jr. 1908, pág. 225- 238,
con final inverso. Según Pomes estaba de
pie. escritor abeja de miel Weisse que abeja
de miel Burman, que por batallas de Eck.
La medida fundamental es el yambo o
troqueo, pero en tres casos rastreamos

toda una estrofa competente en tierra y agua. Excepcional es 'El Willem cantor', donde (después de una presentación de cuento en medida versificante ordinaria) los Willem son honorables matutinos en estructura de tributo. Igualmente sorprendente es que Van Alphen, incluso en los sonetos de sus jóvenes, no evitó explorar diferentes caminos con respecto al verso sin rima. A seis sonetos, bajo los cuales el individ

Representación de Dorisje', necesitaba pruebas para transmitir que el hombre en circunstancias específicas 'el país de alrededor simplemente se acostumbraría'.
* A pesar de esta variedad de formas, el todo establece una conexión extremadamente homogénea debido al espíritu de la Iluminación que lo penetra todo. The Little Sonnets for Youngsters también son similares a este engañoso sencillo en el que el hombre apenas tiene en cuenta cuál es su característica más singular: los extraordinarios recursos de Van Alphens en un lenguaje extremadamente embarazado y en sus detalles potenciales más breves. Un diseño totalmente estándar, que por el Alivio delicado, altura a dar.

La realidad de los jóvenes aquí evocada es

totalmente retratado por un sentimiento de felicidad, de 'vivo' si consigna. Después de todo, un joven productivo y cauteloso no tiene nada que temer: no de su padre, que es su 'compañero más cercano'; no de Dios que nos llamó 'a hacer alegría', y seguramente no del coco. La muerte tampoco tiene nada de espantoso y la naturaleza es confiablemente grande, en cualquier caso, cuando tempesta. Todos cabalgaron así hasta la alegría, el aprecio y la satisfacción: atributos donde las

orientaciones sexuales posteriores han dejado el sello de repugnancia local en ellos, pero aquellos para el ciudadano normal edificado del siglo XVIII fueron la estructura más notable formada por el karma. A la alegría de las abejas no se debe considerar positivamente ningún tipo de diversión ruidosa, sino más bien esa felicidad interior y consecuente que proviene de la ciencia: todo marcha en este mundo tal como lo planeó un Dios sabio mientras yo Para un joven del clima de la clase trabajadora adinerada en el que el propio Van Alphen tenía un lugar, la última opción implicaba básicamente: aprender sus ilustraciones. A pesar de que todavía no existe una formación obligatoria

Existían y tales jóvenes en su mayor parte
eran solo instrucción confidencial en el hogar,
la necesidad de una educación intelectual era
tan perfecta como parece ser hoy.

Según la escala de valor de la información
era   permanente de Alivio
directamente de la ética. Quien inepto se
quedó chapucera así mismo la oportunidad
de ser una persona plena.

Además, la gran ejecución de revisión es la
premisa para la abundancia material.

De todas formas subraya. en sonetos de niños
no hay lugar para este punto de vista social.
Aprender alegría comienza las cosas. El
aprendizaje debe, todos los días; excepto que
aprender es igualmente placentero ('It bright
learn'). Además, nada más divertido que leer*
JOSH DOUGLAS de Alphen, Stomachrelated
Compositions,
Utrecht 1782, p. CXIX. libro de imágenes
decentes, por lo que los juguetes
convencionales (banda y costo) por favor se
empujan a un lado. A esa decisión se le da un
alivio adicional, porque justamente a pesar de
la ropa y la comida, los juguetes también se
consideraron como parte de las cosas que
deciden la 'satisfacción inocente'. Así garantiza
a la pequeña Claar en su 'Bienvenido hola' a
su hermanito menor que la madre

asimismo, compre juguetes para ella, cuando pueda sentarse en su regazo. ¿Son los juguetes que en algunos casos algo mediocre solo en la etapa más temprana, pero que debe cambiarse por una lectura del curso tan pronto como el tiempo lo permita? Claire y Keetje hablan sobre eso reclamando la palabra: 'En algunos casos para jugar, algunas veces para leer, / Dat well It Best being'. Los encuentros y las impresiones de los jóvenes de Kleine gedigten de Van Alphen quedan generalmente limitados a su propio círculo de padre, madre, familia de sus amigos cercanos. Su relación familiar es central, por lo que la conexión de adoración entre los tutores se está confirmando con vehemencia. Tal amor no necesita regalos costosos: 'Padre le dio el mejor melocotón/ recientemente a madre con un 'beso'. Otros miembros de la familia (abuelos, tíos, tías, primos) pierden tiempo en hablar, ya sean vecinos o compañeros de la familia. Un par de veces parece un jardinero, otros serviciales o un espectador coincidente en el teatro a la falta de asistencia de los padres de abejas si guían los pasos. Excepcional es el paraje de alto standing Eso. premios En el viejo cocinero

Saartje. El antepasado de Weisse tenía su propia opinión de Molesto en este punto de confianza de los sonetos de los niños 'morales'.

Un final para hacer En 'las melodías aburridas del especialista en pastelería y la niñera'. * Para las fantasías de los niños, la mayoría de los maestros de iluminación son ciertos

hipersensibles, Betty Wolff no se exceptúa. . luego retrata de nuevo deleite claro Una visita de los niños a la abeja melífera Sarah, 'Nuestra vieja gran cocinera,/Quién puede contar fantasías', 101 direcciones de consultas y los jóvenes en golosinas de leche con chocolate.

Más peligroso es convertirse en la relación de individuos que no hasta que el propio círculo tenga cabida. Alegre resulta el guardián de la ciudad de Son Trinquete por Equilibrio Un defensor de la familia y el hogar, mientras que el judío de tela que golpea en la entrada también puede estar allí con un aspecto desconcertante pero ciertamente no malévolo. parece ser más feroz la reunión en la carretera en la época más fría del año fría con un vagabundo endeble, 'que pide una súplica de diez centavos'.

Eso es devenir sin un segundo dato de reflexión, sólo si en la 'Melodía de Invierno' se produce Sin embargo, no hace más que acumular la sensación de aprecio por lo propio.

la prosperidad y trae la confianza en la organización
de valores no hay segundo en ti vacila.

¿Por qué, además, cuando en 'It found it melodies'
canta Un desafortunado cumplimiento y tú mismo le

das sentido a Un hombre rico que necesita comerciar:
* 'kick the bucket abgeschmackten Lieder der

Amme und Kinderwärterin' (Christian Felix Weissens
Selbstbiography , 1806, pág. 129).

El anhelo que solo ocasionalmente echo de menos,
Hazme un montón de comida más

entusiasta, Entonces o yo en la mesa de un señor
Solía estar día En día situado.

Invierta este tradicionalismo cultural, que unos años
después del hecho, además, en los Países Bajos,
reformadores extremistas como Gerrit Paape

generarán pensamientos y sentimientos de disidencia
social que avalan un cerebro iluminado. ese nuevo

siéntelo por encima de todo en la no apariencia por
todo doctrinalismo estricto. A pesar de que él mismo
es un cristiano proclamado, Van Alphen tiene
deliberadamente cuestiones doctrinales generales
de pecado único, recuperación, diablos y paraíso
fuera de su pensamiento. Teniendo todo en cuenta,
solo tienen un lugar en un período posterior de
escolarización para venir a arreglar.

A fin de cuentas, Dios se convierte en un entendimiento inocente solo en el caso de que un padre cariñoso lo recomiende. Así podría ser. Sucede que Jantje y sus compañeros realmente obtienen ejemplos en la lectura, la composición, la geología ('El gran deseo') y el clavicordio ('Mietje bij het clavicémbalo'), sin embargo, van a la capilla, pastor o catequista guardado estancias.

Según todos los informes, no son los únicos efectos secundarios de un método de enseñanza edificado. Identificamos en los sonetos de los niños 'El afecto hasta el país local', además, a partir de ahora, el sentimiento entusiasta de los nuevos, que, da la casualidad, todavía está liberado de la comprensión política del partido aquí desde la década de 1980, cuando los leales y los orangistas se enfrentaron. unos a otros en pararse. En esa nueva inclinación entusiasta se muestra Un alma por sentido urbano Que a partir de ahora abeja melífera Se debe desarrollar niño pequeño. Es un tema que a través de Jan Hendrik Swildens en su modelo Vaderlandsch Stomach muscle Book for the D*utch Youth (1781) se resolverá.

Sea como fuere, quien en base a lo anterior

Los sonetos de los jóvenes de Van Alphens
para la escritura de Edificación funcionan,
aún no se ha dicho la declaración engañosa.
Iluminado pensar sabe después de todo en
el siglo XVIII unos cambios Horrendo tiempo,
naturaleza, matiz estricto y grado. Así
contrasta enfáticamente la ayuda francesa
de su inclinación derrochadora de la
edificación cristiana en general en Alemania
y los Países Bajos, mientras que el alivio de
mediados del siglo XVIII, del cual Justo es un
observador holandés (1731-1735), un
importante delegado solía ser,
considerablemente más énfasis en el
pensamiento erudito que la delicada
Iluminación de los años setenta.

* Ver JOSH DOUGLAS , 'Libros ABC holandeses
fuera de los dieciocho cien años; costumbre y
desarrollo', en: Jaap Terlinden ea, A será un
mono. Exposiciones sobre ABC Books of
the Decimoquinto 100 años hasta Amsterdam
1995, p. 55-72. presente ,

¿Cómo van los sonetos para niños de
Hieronijmus van Alphen en este sentido? La
respuesta no puede ser totalmente
inequívoca. En ciertos lugares rastreamos
todavía el puro realismo de la prudencia contemplada, como

'De naturaleza

emprendedora': ¿Podría invertir mi energía
en mil

tonterías? k Tener por ahí ninguna ventaja por.
En una línea similar está también el rechazo

sensato de toda noción (en 'Klaasje and

Pietje') por el cual la única pequeña excelencia
que los Otros se esfuerzan en

recursos:

Pietje, si prefieres no ser genial, entonces, en
ese momento, aparece la persona de color.
¡Klaasje, eso es claramente falso!
Permítale venir en caso de que pueda. Quien
tiene confianza en un hombre así, es por su

mente saqueada.
A pesar de,

Recepción y valoración
Hieronijmus van Alphen también se ha
manifestado como poeta escritor de
escritos teórico-literarios y como filósofo
cristiano. Aquí, sin embargo, vaya solo
a las reacciones en los poemas de los
niños, en los que los aspectos de los
demás apenas juegan un papel. Eso simplifica las cos
Pero queda un problema de elusión de la
dificultad: los niños, para Quién este texto Sin
embargo los bienes destinados, vienen de su
juicio en ninguna parte inmediatamente en
imagen.

Por lo general, mida la buena suerte del
hombre por una obra literaria en primer lugar de
las reimpresiones o traducciones del número y
de las cifras de circulación correspondientes.
Desafortunadamente tenemos en ese punto no
sobre los hechos exactos si consecuencia de la
cortina de humo puesta por el editor Van
Terveen. Sólo sabemos con seguridad que los
Kleine Gedigten voor Kinder hasta alrededor de
1850 arreglados en varias versiones son
reimpresos, mientras que poco después de
aparecer también ya en la música puesta se convirtió.
Después de eso, el interés cayó bruscamente,
incluso hasta el punto de que uno comenzó en

la edición de jubileo de 1871 (Regalo de fiesta
para la juventud holandesa) y no más luego lanzó dos

episodios Hasta las publicaciones de Pomes y Van Eck en 1908, los poemas infantiles "anticuados" de Van Alphen volvieron a llamar la atención, después de lo cual, por así decirlo, se enfrentan a una nueva vida: como una reimpresión fotográfica casi genuina para compradores no pedagógicos. lección pero Un atractivo folleto de regalo de valor nostálgico buscado.

¿Cómo se aprecia a los contemporáneos de Van Alphen y a la generación inmediatamente posterior de lectores de Small Poems for Children y por qué un repentino 'asiente' en el interés a mitad del libro?

*

siglo anterior?

El primero al que Van Alphen presentó en 1777 su Proeve van Small Poem For Children, que entonces no se había impreso , solía

ser son cuñado Rijklof Michael por Goens. Esto encontró todos los poemas Desagradable en forma y contenido para Su objetivo adecuado, pero tenía la colección Por favor aún extensa vista de 'cualquier historia'. Si antes había que hacerse dos poemas de Otros eliminados, entonces quizás 'La verdadera amistad' y Alexis. Este último le parecía demasiado 'prosaico o abstracto', mientras que para el primero la objeción era que los niños no tienen mu

'acurrucarse' o ser 'mimoso' 'en la oración de pino en la que lo concebimos'. JOSH DOUGLAS tuvo que hacerlo pero en algún momento el juicio

† en la suma con su hijo Jantje.   Desde el hecho de que Van Alphen criticó los dos poemas Ordinario tiene que dejar en pie, para permitirnos tal vez distraer que al menos Un niño a este dato tiene aprobación.

En una carta posterior del 21 al 23 de junio de 1800, por Goens palidece aún un poco entusiasta si un cuarto de siglo antes: 'Die Kinderlieder sind wahre Meisterstücke, in ihre Art: sogut, if das best [...] was man in ‡ un

sombrero Sprache.   Sólo que ahora llegó con un curioso argumento relacionado con el contenido de por qué los poemas infantiles de .s incluso serían preferibles a los de Weisse, a saber, 'wegen den Christian Sinn, der in Pine tree Ihrigen herrscht'. Sin embargo, este punto de vista atestigua más el Réveil religioso, contrario al espíritu de la Ilustración, a través del cual By Goens cuando se inspiró se convirtió, que el hecho de que ella directamente hizo On .s Small Poem For Children que precisamente , por su falta de líneas dogmáticas algunos críticos ortodoxos había planteado objeciones. Clarisse para

ejemplo, confesó que (con todo respeto a Van
Alphen) su verso 'En tot la felicidad creada' de
'La felicidad infantil' le resultó difícil conciliar

con   el   Calvinista
**
predestinación.
* Tal crítica incidental del lado cristiano ortodoxo,
mientras tanto, no afectó en lo más mínimo
el prejuicio sobre su fama como poeta de
niños. Y cuando la imitación es la mejor
prueba para la buena suerte, entonces el
hombre puede decir que los poemas de los
niños durante décadas han puesto en tema
Ver también The Freeze 1981.
† Carta de RM van Goens a Hieronijmus van Alphen,
sin fecha [1777], K . B . 130 D 14. Comparar J.
Wille, El hombre de letras RM van Goens y su
círculo . Segunda parte, editada por P.by der
Vliet. Ámsterdam 1993, pág. 246. ‡ Véase JOSH

DOUGLAS Michael por   , 'Cartas de Rijklof
Goens Sobre JOSH DOUGLAS .', en: Hoja de
documentación Grupo de Trabajo del Siglo XVIII
XX/2 (1988), p. 175-176.

** Clarisse 1831-1832, pág. 120.

elección y forma. Tan es así que

todo lo que era holandés en aquellos años
la poesía infantil aparecía como un eco
más o menos vago del Van Alphen profano.
A veces se convirtió en eso también a través
de poetas infantiles posteriores como Peter it
grouse, Henry belt cutter, Dirk Underwater y JFL.
*
Muller reconoció abiertamente.

A mediados del siglo XIX, sin embargo,
Van Alphens se ganó la reputación de
poeta infantil. Llegó el mismo autor en 1857
ante la misma audiencia nuevamente sobre
el asunto. Es como

una conferencia destinada a la rehabilitación.

‡ la poesía infantil , sin embargo, tenía más
el carácter de un apoyo elaborado, pasarlo
y lo que atenuó a través de una bocanada
de simpatía por las buenas intenciones de
Van Alphen. Las objeciones de Geneset
son bien conocidas, porque repetidas cien
veces: es una buena moral de Hendriken que

Van Alphen están escuchando la huella, por un poco falsa si no es saludable. En lugar de niño de los niños en son, zancos . sí mismo por encima son audiencia juvenil.

Este último es Ciertamente Dónde, como ya había dicho un crítico anónimo en 1798.

**

establecido.   Pero igualmente cierto es que la mentalidad de 'chicos firmes, chicos duros' de la que procede The Génestet, que supuestamente ataca la bondad pedante, en un ideal igualmente acotado en el tiempo. Esta vez no de la Ilustración sino del Romance holandés.

El Geneset se apeló a sí mismo para atacarlo de acuerdo con un modelo de moda mucho más realista del niño holandés que Hildebrand en la cámara oscura habría delineado. Pero Beets mismo lo tomó ahora por . sobre: lo que actualmente parecía rígido, solía ser, en el siglo XVIII, fresco y original; tenían que discutirlo de pie poemas infantiles juzgarlo a la luz de su propio tiempo.

Cómo Dónde eso también si son, El efecto de la crítica de los conjuntos de genes solía ser * Véase para estos seguidores Wirth 1925, capítulo III: 'En la huella de Van Alpha'. †
PA el grupo genético, 'Sant Nicholas Eve. Un cuento de Amsterdam', estrofa LXVII de

nota correspondiente; pase publicado en la reimpresión por Son primeros poemas (1860). ‡ El juego de genes de 1858.

** 'Muchos, Que por la educación quieren saber tener, y hasta libros sobre eso escribir, demuestran que no entienden nada de eso. Hablan y razonan con los niños en un tono como si tuvieran los mismos entendimientos y conocimientos que ellos mismos tienen. [...] Ella no sabe zigzaguear en el lugar de los niños en el set, y hasta que sus conceptos infantiles bajan al descender. Por allá los pequeños pedantes, en los libros infantiles de urogallo, ., Perponcher y otros. (Mesa de Moral, Educación, Aprendizaje, Gusto e Ilustración, en la antigua provincia de Holanda, a fines del siglo XVIII. Una contribución a la reforma de la educación y la escolarización en la República de Batavia. Por un 'Cosmopolita , Ámsterdam 1798, págs. 58-59). que de ahora en adelante Small Gedigten for Children de Van Alphen debe ser visto con otros ojos fue a mirar. Ella bienes, como este en decir, por un día en los Otros pasado

de moda. Y tardaría más de medio siglo en honrar su prestigio hasta la nueva altura se levantaría, ella ahora (en el círculo científico) como monumento pedagógico-histórico, o (con el público en general) como un recuerdo nostálgico de un pasado lejano. Un texto que llega a permitir pasar directamente a ser nombrado clásico.

Modo por edición

Se desconocen las composiciones de los sonetos para niños de Van Alphen, y no se pueden asignar sin vacilación ningunos duplicados con texto y láminas en la impresión más antigua. Lo que uno encuentra en las primeras entregas son estructuras generalmente obvias de varios lanzamientos de Proeve, Vervolg y Tweede Vervolg de contrastes de texto o acentuación incidentalmente minuciosos. Solo la nitidez de las inscripciones puede cambiar de manera impresionante, incluso dentro de un duplic Además, las abejas melíferas son duplicados compuestos que normalmente se eliminan y sustituyen por un título general.

Sólo desde el lanzamiento agregado aprobado de 1787 hace una normalización específica, sin embargo, este diseño ocupado en duodécimo se encuentra actualmente al final del verdadero 'Van Alphen con las líneas'. Este es, obviamente, un grado significativamente más evidente para el '. de los caps' out 1821, Que únicamente interés estima tiene.

El a esta versión de texto anterior es, lo que el Gusto Re, en vista de Se duplica por la copia principal de la Biblioteca Ilustre (signo. 1090 E 109) y por Spin-off y Segunda Continuación en duplicados del lanzamiento principal en mi control del individuo más experimentado conocido (quizás el primero) impreso por las planchas. Para mayor seguridad, todos los textos se contrastan con precisión con otros duplicados tempranos, donde los nuevos artículos bibliográficos de LG Saalmink son un método importante para controlar el blanqueamiento.

Para los sonetos de dos jóvenes distribuidos después de la muerte por Clarisse está aquí, además, el primer paquete Ocupado de 1836 seguido. *

Nuestra versión de texto es toda una estrategia de protección por la primera ortografía y acentuación. Eso implica que igualmente vinculado verbal

Clarisse, 'Sobre Hieronijmus van Alphen, como escritor y artista juvenil'. dos lecturas, Rotterdam 1836. se imitan
exactamente como se imprimieron inicialmente. Se mejoran un par de claros errores de imprenta, que en la explicación se van haciendo notar.

Un texto con una historia de impresión tan larga normalmente ha evolucionado a lo largo de los años pasando por innumerables cambios esperados y accidentales después de algún tiempo:

cambios de ortografía, acentuación, uso de palabras y ocasionalmente también por contenidos. Dado que ella de todos modos, ninguna de ellas ha sido aplicada por el propio escritor y, en general, data de épocas mucho más tardías, por lo que la tenemos aquí en un par de casos especiales después de que se fue el pensamiento Ese caso especial Re la versión del recolector 1787, Donde . Probablemente todavía bien ha apoyado. En la medida en que eso contrastaba con los tres paquetes anteriores que parecían individuales hasta que se han producido variaciones significativas, también se muestra en nuestra explicación.

Por extraño que parezca: los sonetos para niños de Van Alphen son, a pesar de ellos, un lugar fijo en el grupo por la escritura holandesa que nunca antes habían aparecido en una estructura clara. Su clara falta de esfuerzo hizo obviamente que para algunos todas las aclaraciones fueran superfluas. Mientras tanto, esa coherencia claramente obvia ya se está convirtiendo en una ficción. Se podría expresar que con una figura retórica tan básica, el deslizamiento de la palabra significado y, por lo tanto, la distancia psicológica entre el texto y el lector se nota más claramente.

convirtiéndose. Que ahora al lado A'. de los
join's y A'. de las mayúsculas' para Primero
igualmente A'. of nuts' ve la luz, es por lo tanto
un trabajo importante para cubrir la mayor
cantidad posible de lectores para conectar esa
distancia. Simultáneamente, sin embargo, marca
la lectura del interés social por la escritura de
nuestros jóvenes del siglo XVIII, por lo que el sr.

JOSH DOUGLAS en 1778 ha batido la
distancia.

Si bien este comunicado de texto fue
prácticamente preparado para la prensa en
1995, se debe a una variedad de razones, pero
a largo plazo perduró el honor en el que también
estaba segura de que lo impreso podría
convertirse. Este retraso tuvo el beneficio
adicional de que algunas distribuciones tardías
sobre la escritura infantil del siglo XVIII, más
explícitamente sobre los sonetos infantiles de .,
JOSH DOUGLAS aún en epílogo y comentarios
consolidados, podrían convertirse.

Satisfacer expresa gratitud hacia l prof. dr.
EK Grootes para la planificación de este
lanzamiento y para la persistencia de mi afán.

EL FIN

Descripción
"Pequeños poemas para niños" es
una magnífica variedad de versos
destinados a atrapar las mentes
de los jóvenes lectores.
Desde historias caprichosas de
criaturas parlantes hasta reflexiones
genuinas sobre el parentesco y la
familia, este libro ofrece una
gama diferente de temas y estilos
para atraer a una gran cantidad de niños.

Ya sea que esté leyendo con
su hijo antes de acostarse o
buscando un gran método para
llevar el verso a la sala de estudio,
"Pequeños poemas para niños"
es la expansión ideal para
el estante de cualquier
niño. Con sus contornos
seductores y estrofas esenciales,
este libro se convertirá en un
querido número 1 en el futuro.

www.ingramcontent.com/pod-product-compliance
Lightning Source LLC
Chambersburg PA
CBHW071134220526
45467CB00015B/979